DROIT INTERNATIONAL HUMANITAIRE

Joseph Owona

DROIT INTERNATIONAL HUMANITAIRE

Du même auteur

Joseph OWONA et **Ebénézer NJOH MOUELLE,** *Encyclopédie de la République Unie du Cameroun* (4 tomes), Dakar, Nouvelles Éditions Africaines, Abidjan, 1981.

Joseph OWONA, **SIKHE Camara et P-F GONIDEC** (dir.), *Encyclopédie Juridique de l'Afrique,* Tome II, *Droit International et Relations Internationales*, Dakar, Nouvelles Éditions Africaines, Abidjan, 1982.

Joseph OWONA, *Droit constitutionnel et Régimes politiques africains,* Manuels B.L 3, Paris, Mondes en devenir, Berger Levrault, mars 1985.

Joseph OWONA, *La Nouvelle voie chinoise ou l'air pur du soir,* Paris, Mondes en devenir, XXIX Points chauds 14, Berger Levrault, Mars 1986.

Joseph OWONA, *La République populaire démocratique de Corée,* Paris, Mondes en devenir, LIV Points chauds 14, Berger Levrault, Mars 1987.

Joseph OWONA, *Droit Administratif spécial de la République du Cameroun,* Yaoundé, EDICEF, Série Manuels et Travaux de l'Université de 1985.

Joseph OWONA, *Aperçu sur les principes élémentaires du Droit International contemporain,* Travaux de recherches de l'Université de Yaoundé 1986.

Joseph OWONA, *Droits constitutionnels et institutions politiques du monde contemporain : étude comparative*, Paris, L'Harmattan, Septembre 2010.

Joseph OWONA, *Droit de la fonction publique camerounaise*, Paris, L'Harmattan, Juin 2011.

Joseph OWONA, *Le contentieux administratif de la République du Cameroun*, Paris, L'Harmattan, Juin 2011.

Joseph OWONA, *La décentralisation camerounaise*, Paris, L'Harmattan, Juin 2011.

Joseph OWONA, D*omanialité publique et expropriation pour cause d'utilité publique au Cameroun*, Paris, L'Harmattan, Novembre 2012.

5-7, rue de l'Ecole-Polytechnique, 75005 Paris

http://www.librairieharmattan.com
diffusion.harmattan@wanadoo.fr
harmattan1@wanadoo.fr

ISBN : 978-2-336-00123-4
EAN : 9782336001234

REMERCIEMENTS

Le présent opuscule s'invite dans votre univers de lecture grâce à la contribution d'aiguilleurs dont les travaux de saisie, relectures et mises en forme ont su en faire rejaillir la quintessence.

Je pense à monsieur **Sylvestre GWET MATIP**, environnementaliste, fondamentaliste de Biologie et à Mlle **Berthine NSEOUGMOE** du Cabinet J. O. International Consulting.

INTRODUCTION GENERALE

1. La guerre et l'usage de la force, même internationalement interdits, restent la prérogative régalienne la plus exercée par les États et les autres acteurs de la scène internationale. Elle fait problème en tous points de vue : débordements, violences, etc.

Sa conduite et le traitement de ses effets néfastes se sont toujours heureusement accompagnés de l'exigence du **respect d'un impératif minimum d'humanité**.

Ce souci explique et légitime l'existence d'une branche spécifique du droit international dite droit international humanitaire.

2. En tant que droit international, le droit international humanitaire est confronté à divers problèmes inhérents au droit de la société internationale :

- conciliation de l'autorité du droit et de l'autorité de chacun des acteurs[1] ;

- identification des normes fondatrices et problèmes de leur hiérarchie ;

- application et contrôle d'application d'un tel droit réputé obligatoire ;

- répression des violations de ses dispositions, etc.

Bref, cette branche spécifique du droit international tout en répliquant la problématique propre à ce droit, en secrète la sienne propre[2].

3. Toute étude du droit international humanitaire impose un double questionnement préalable :

- quel est le processus de formation du droit international humanitaire ?

- qu'entendre par droit international humanitaire et quelles sont ses relations avec la grande famille des droits humains inspirés par le souci de préserver en tout temps la dignité de l'être humain ?

---

[1] CAVARE (L.), *Le droit international positif*, tome 1, Paris, Editions Pedone, 1973, 806 pages. HUBERT THIERRY et al, *Droit international public*, Paris, Editions Montchrestien, 1975, 770 pages, pp. 174-176.

[2] OWONA (J.), *Problèmes d'application du droit international humanitaire en Afrique*, Institut international des Droits de l'Homme, Strasbourg, dixième session d'enseignement, 2-27 juillet 1979, pp. F50-F5021.

I- PROCESSUS DE FORMATION DU DROIT INTERNATIONAL HUMANITAIRE : ELABORATION ET CONTENU

I.1- ELABORATION

Le droit destiné à régir la guerre et l'usage de la force a mis long à s'élaborer et à s'institutionnaliser. Il trouve son origine dans le fond du sentiment commun d'humanité des peuples, des nations et dans l'impact des guerres et catastrophes naturelles. La prise en compte de se sentiment d'humanité a permis l'élaboration du droit international en général et du droit international humanitaire en particulier.

Les règles du droit de la guerre remontent à des temps lointains. L'Edit de Cyrus II, le Grand roi de Perse (556-530 avant Jésus-Christ) promulgué en 538 avant Jésus-Christ fait date : « Ma grande armée a conquis la Babylone. J'ai donné l'ordre que mes soldats ne fassent de mal à aucun habitant de ce pays, qu'ils vivent tous en liberté, qu'ils aient le droit de pratiquer la religion qu'ils veulent. J'ai exigé qu'aucun cœur ne soit blessé, que tous soient libres de choisir leurs dieux »[1].

Le droit international humanitaire a ses sources historiques enfuient dans les diverses religions qui dominent l'histoire de notre planète[2].

Celles-ci fondent les motivations profondes des parties en conflit pour respecter les normes et les principes humanitaires.

Elles poseraient une règle d'or : « Faites aux autres ce que vous voudriez que l'on vous fasse » mieux « ne faites pas aux autres ce que vous ne voudriez pas que les autres vous fassent ».

Cette règle d'or établie une exigence de réciprocité et une obligation de limitation de l'usage de la violence tel que apparemment affirmé par diverses traditions religieuses (hindouisme, confucianisme, bouddhisme, taoïsme, zoroastrisme, judaïsme, christianisme, islam, bahaïsme…).

Divers aphorismes sont à cet égard cités par Anne Sophie Millet-Devalle[3].

---

[1] Voir cité dans *Revue de droit pénal militaire et de droit de la guerre*, tome XVI, 1977, 1er cours international sur le droit de la guerre pour officiers Sanremo, 16-23 juin 1976, Ft col. F de Mulinen, p. 31.

[2] Voir MILLET-DEVALLE (Anne Sophie), *Droit international humanitaire. Religions et Droit international humanitaire*, colloque Nice 18-19 juin 2007, Paris, Editions Pedone.

[3] Voir Anne Sophie MILLET-DEVALLE, *op cit.*
Les citations qui suivent se trouvent sur le site http://prolib.net/ethique/203.000.regle_dor.htm
1 « Telle est la somme du devoir : ne fais pas aux autres ce qui, à toi, te causerait de la peine » (Mahabarata, 5 ; 15,17).
2. « Voici certainement la maxime d'amour : ne pas faire aux autres ce que l'on ne veut pas qu'ils nous fassent » (CONFUCIUS, Analectes, 15 ; 23).

Les principes d'humanité à l'égard de l'ennemi en temps de conflit armé se manifestent de différentes manières dans le Code d'honneur des Samouraïs (*Bushido*), dans les principes bouddhiques de bienveillance (*Maîtri)* et de compassion (*Karuna*).

Les règles de traitement humain de l'ennemi vaincu sont également développées par l'hindouisme. Celles-ci prescrivent la loyauté dans le combat et, l'interdiction de l'usage d'armes causant des souffrances superflues. Lesdites règles sont résumées dans les « *lois de Marrou* ». Le *Mahabarata* déclarait d'ailleurs à cet effet : « Les ennemis faits prisonniers au cours d'une guerre ne doivent pas être tués ; nous devons, au contraire, les traiter comme nos propres enfants » (Santi Parva 102 ; 32).

Jean Pictet note que « dès le XVI siècle, la répétition des clauses humanitaires contenues dans les cartels et capitulations passées entre chefs d'armées adverses créait un droit coutumier que l'on peut au XVIII siècle résumer ainsi :

1) Les hôpitaux sont minimisés et marqués d'un fanion dont la couleur varie selon les armées ;

2) Les blessés et malades ne sont pas considérés comme des prisonniers de guerre ; ils sont soignés comme ceux de l'armée captrice et, renvoyés après guérison ;

3) Les médecins et leurs aides ainsi que les aumôniers sont exempts de captivité et renvoyés dans leurs lignes ;

4) Les prisonniers de guerre ont la vie sauve et sont échangés sans rançon.

---

3 « Ne blesse pas les autres avec ce qui te fait souffrir toi-même » (Sutta Pikata, Udanavagga 5, 18).

« Dans le bonheur et la souffrance, nous devons nous abstenir d'infliger aux autres ce que nous n'aimerions pas de nous voir infliger » (Mahavira, Yogashatra 2,20).

4. « Considère que ton voisin gagne ton pain, et que ton voisin perd ce que tu perds » (T'ai shang kan Ying Pien).

5. « La nature seule est bonne qui se réprime pour ne point faire à autrui ce qui ne serait pas bon pour elle » (Dadistan-i-dinik, 94).

6. « Ce que tu tiens pour haïssable, ne le fais pas à ton prochain. C'est là toute la Loi, le reste n'est que commentaire » (Rabbin HILLEL, Talmud, sabbat, 31-A).

7. « Aime ton prochain comme toi-même » (Lévitique 19 ; 18).

8. « Ainsi, tout ce que vous désirez que les autres fassent pour vous, faites-le de même pour eux : voilà la Loi et les Prophètes » (Matthieu, 7 ; 12).

9. « Comme vous voulez que les gens agissent envers vous, agissez de même envers eux » (Luc 6 ; 31).

10. « Nul de vous n'est un croyant s'il ne désire pour son frère ce qu'il désire pour lui-même » (13e des 40 Hadiths de Nawawi).

11. « Ne souhaitez pas aux autres ce que vous ne souhaitez pas à vous-mêmes » (Kitab-i-Aqdas 148).

5) La population civile pacifique ne doit pas être molestée »[1] ;

L'inconvénient majeur reste que ce codex coutumier et fragmentaire n'était valable que pour des conflits particuliers et, pour un temps déterminé.

Néanmoins, les « *capitulations* » constituaient un pas majeur vers la codification conventionnelle du futur.

Michel-Cyr Djiena Wembou et Daouda Fall ont en ce qui concerne l'Afrique, recensé parmi six mille proverbes puisés dans 69 langues africaines, un véritable fonds commun constitué « d'une multitude de règles qui énoncent les obligations d'ordre humanitaire à la charge des chefs traditionnels, des combattants et des citoyens » de l'Afrique précoloniale.

Ces proverbes proclament trois principes fondamentaux qui constituent l'essence même du droit humanitaire africain. Il s'agit du « principe du respect de la vie ou principe d'humanité, du principe de protection et du principe fondamental du droit de la guerre »[2].

Dans ce contexte, le principe du respect de la vie ou principe d'humanité emporte trois règles d'application obligatoire :

- il n'est pas interdit de faire la guerre ou de tuer des soldats ennemis ;

- l'homme qui tombe au combat est inviolable et a droit à une sépulture, l'ennemi qui se rend aura la vie sauve et sera soumis au pouvoir du vainqueur ;

- le vaincu a droit au respect de ses coutumes et doit participer à la vie de la communauté.

Le principe du droit à la guerre entraîne :

- l'obligation de déclarer la guerre ;

- l'interdiction de mener la guerre au sein des villages ;

- la distinction entre combattants.

Le principe de protection veut que les personnes qui ne participent pas aux combats ne soient pas attaquées. De même, les biens de la population (cases, greniers, champs) ne doivent faire l'objet d'aucune attaque.

D'autres auteurs soutiennent des points de vue semblables.

Quincy Wright a soutenu dès 1942 « qu'on peut trouver dans les méthodes de guerre des peuples primitifs l'illustration de divers genres de lois internationales de la guerre actuellement connues : lois qui distinguent plusieurs

---

[1] CICR, Commentaire du plan de cours de droit international humanitaire, sans date, JEAN PICTET Genève, 41 pages.

[2], DJIENA WEMBOU (Michel-Cyr) et DAOUDA FALL, *Droit international humanitaire Théorie générale et réalités africaines,* logiques juridiques, L'Harmattan, 2000, pp. 174-181.

catégories d'ennemis ; règles qui définissent les circonstances ; formalités et droit de commencer ou de terminer une guerre ; règles qui prescrivent des limites quant aux personnes, aux saisons, aux lieux ainsi qu'à la conduite de la guerre et même des règles qui mettent la guerre hors la loi »[1].

Yolande Diallo a recensé d'autres institutions remarquables telles que les lieux d'asile qui variaient en fonction des ethnies. En effet, plusieurs zones ont été recensées : « baobab sacré » où étaient gardés les fétiches protecteurs au Sénégal, lieu-dit « **Nianian** » où reposaient les mânes de l'ancêtre des peuples du Macina à Koulikoro, montagne du Bandiagara où se trouve le sanctuaire, cases sacrées, forêts sacrées, cimetières, et autres endroits communautaires[2].

Les recherches de Yolande Diallo permettent d'affirmer l'existence d'un certain nombre de traditions humanitaires régissant le déroulement des conflits. Ces règles qui méritent qu'on leur accorde une attention particulière, sont relatives à la conduite de la guerre, au respect des périodes trêves, au traitement des vaincus…

Pour elle, la guerre est l'objet d'un véritable code d'honneur.

Une distinction était faite entre belligérants et non belligérants. Au Sénégal, la guerre est l'apanage des « tiedos », classe de guerriers professionnels recrutés parmi les anciens esclaves libérés ayant à leur tête des « diaraf » ou princes de sang.

Les femmes et les enfants formaient le groupe des non combattants : « Attaquer un village où il n'y a que des femmes et des enfants, ce n'est plus la guerre, c'est le viol » disait-on au Niger.

La déclaration de guerre se faisait généralement par l'intermédiaire d'un griot revêtu d'inviolabilité : « On n'insulte pas l'envoyé, on ne frappe pas l'envoyé ».

Les Mossis du Burkina Faso respectaient les trêves qui correspondaient au « **TINSE** », anniversaire des funérailles de la mère du premier empereur de l'empire mossi.

Ces mêmes Mossis qui voulaient édifier un empire aussi peuplé que possible, avaient érigé la clémence en règle de mise : « Si le berger a un couteau facile, son troupeau ne croit pas ».

Ainsi par pitié, les prisonniers n'étaient pas exécutés et, les cadavres ennemis avaient droit à une sépulture décente.

---

[1] QUINCY WRIGHT, *A study of war* 1942.

[2] DIALLO (Y.), « Droit humanitaire et droit traditionnel africain », RICR, 58e année, février 1976, pp. 69-75.
DIALLO (Y.), « Traditions africaines et droit humanitaire », RICR, 58e année, 1976, pp. 451-466.

Toutefois, ce traitement humanitaire qui était légion dans l'Afrique Sahélienne était fort rare et même méconnu dans les pays du golfe du Bénin.

I.2- DEVELOPPEMENT ET EVOLUTION

L'impact des guerres et des catastrophes naturelles va déterminer et influencer le développement et l'évolution du droit de la guerre, bref du droit international humanitaire[1] tout entier.

Le citoyen suisse Henry Dunant, témoin de la sanglante bataille de Solferino, va formuler des vœux fondamentaux pour le respect de la personne humaine :

- que chaque pays constitue une société de secours volontaire qui dès le temps de paix, soit préparée à aider le service de santé de l'armée en cas de guerre ;

- que les États ratifient un principe conventionnel et sacré qui, assurerait une protection juridique aux hôpitaux militaires et au personnel sanitaire ;

Un comité de cinq personnes se constitua en février 1863. Il est l'organe fondateur de la Croix-Rouge et le promoteur des conventions de Genève.

La guerre d'Italie de 1859 et la bataille de Solferino vont faire élaborer la convention de Genève de 1864 pour l'amélioration du sort des militaires blessés dans les armées de campagnes.

Depuis lors, le droit de La Haye et le droit de Genève se sont développés sous l'impulsion objective des situations de guerre :

- la déclaration de Bruxelles de 1874 naît du souci de « clarification des lois de la guerre ». Elle va porter sur les grandes préoccupations de l'heure : conduite des hostilités, bombardements, limitation de l'emploi des armes, problème de l'occupation, celui du statut du combattant régulier, traitement des prisonniers de guerre, blessés et malades... ;

- les « conférences de La Haye » dites conférences de la paix ont été convoquées à l'initiative du gouvernement russe. Elles ont élaboré les conventions de La Haye de 1899 et 1907 consacrées aux lois de la guerre sur terre et sur mer. La guerre russo-japonaise de 1905 aura été d'un grand secours ;

- les quatre conventions de Genève 1949 sont élaborées au sortir de la Seconde Guerre mondiale et beaucoup d'États ayant participé à la conférence diplomatique d'élaboration ont une « expérience acquise pendant la guerre ». Celle-ci ce rapporte aux activités liées au sort des victimes de guerre, des combattants tout comme des victimes civiles.

---

[1] WILHELM (Jean-René), *Quelques considérations générales sur l'évolution du droit international humanitaire.*

R. J. Wilhelm affirme également l'impact des guerres du Vietnam et du Nigeria (1967-1970) sur l'élaboration des protocoles additionnels de 1977 aux conventions de Genève[1].

D'autres guerres récentes ont également eu un impact sur l'évolution du droit international humanitaire. La guerre du Golfe serait un révélateur quant à la mise en œuvre et l'application du protocole additionnel I de 1977, sur la conduite des hostilités et sur la protection des populations civiles.

L'œuvre de Francis Lieber émigré allemand aux États-Unis aura été déterminante dans l'élaboration d'un corps de règles sur la conduite de la guerre. L'intéressé voulait régler la conduite de la guerre de « manière humaine ». Il va élaborer sur demande du président Lincoln le « Code Lieber » utilisé par les troupes américaines durant la guerre de Sécession. Celui-ci sera d'un grand secours pour l'élaboration de la déclaration de Saint-Pétersbourg (1868).

Des conflits plus récents (Rwanda, Yougoslavie), avec leur cortège de débordements ont entraîné d'autres développements du droit international humanitaire : création de juridictions *ad hoc*, création de la Cour de justice pénale internationale compétentes pour les crimes de guerre, les génocides ou contre la paix ou l'agression.

Il est ainsi apparu en plus des classiques droits de La Haye et de Genève, un véritable droit des Nations Unies développant et perpétuant les principes du droit international humanitaire.

II- DEFINITION DU DROIT INTERNATIONAL HUMANITAIRE

Quel est le fondement du droit international humanitaire ?

Comment les auteurs le définissent-ils ?

Et quelles en sont les branches spécifiques ?

II.1- PREOCCUPATION D'HUMANITE DANS LE DROIT INTERNATIONAL HUMANITAIRE

1. Le droit international humanitaire se fonde sur la transposition dans le droit international, de préoccupations d'ordre moral, d'ordre humanitaire résumé dans l'impératif catégorique du respect de la dignité humaine en cas de conflit et en toutes circonstances.

2. Les religions et les traditions ont tracé des îlots d'humanité pour atténuer les rigueurs des conflits, codifier et réglementer leur conduite constituant ainsi un vrai fond commun du droit humanitaire.

[1] *Ibid.*

De tout cela est né le droit international humanitaire destiné à atténuer sur l'homme, les effets des conflits et des tensions.

II.2- LE DROIT INTERNATIONAL HUMANITAIRE DANS LA DOCTRINE

1. Le Suisse Henry Dunant avait émis le vœu d'un « principe conventionnel et sacré » qui assurerait une «protection juridique aux hôpitaux militaires et aux personnels sanitaires ».

La réalisation de cette idée est à l'origine du grand élan donné à la codification du Droit international humanitaire depuis la convention de Genève de 1864 avec l'élaboration des divers instruments internationaux actuels.

2. La doctrine est aujourd'hui unanime sur les effets constituant le droit international humanitaire.

Pour Jean Pictet, le droit international humanitaire est « l'ensemble des dispositions juridiques internationales, écrites ou coutumières assurant le respect de la personne humaine et son épanouissement dans la mesure compatible avec l'ordre public et en temps de guerre avec les exigences militaires »[1].

3. Ancien vice-président du Comité international de la croix-rouge, Jean Pictet a explicité cette définition. Il y voit « les règles internationales d'origine conventionnelle ou coutumière qui sont spécialement destinées à régler les problèmes humanitaires découlant des conflits armés internationaux ou non, et qui restreignent pour des raisons humanitaires, le droit des parties au conflit d'utiliser les méthodes et moyens de guerre de leur choix ou protégeant les personnes et les biens affectés ou pouvant être affectés par le conflit »[2].

4. Cette « portion considérable du droit international public » **s'inspire du sentiment d'humanité** et, est « **centrée sur la protection de la personne humaine** » en cas de guerre[3] ou de tensions.

« *Le droit international humanitaire fixe des règles détaillées qui ont pour objet de protéger les victimes des conflits armés et de limiter les moyens et méthodes de guerre. Il définit aussi les mécanismes destinés à garantir le respect de ces dispositions*[4] ».

---

[1] Voir PICTET (Jean), *Le droit international humanitaire et la protection des victimes de guerre*, Genève, IHD, 1973, p. 11.

[2] PICTET (Jean), *Le droit international humanitaire. Définition dans les dimensions du droit humanitaire*, Paris, Unesco, 1986, p. 13.

[3] JEAN PICTET, *Développement et principes du Droit international humanitaire*, cours donné en juillet 1982 à l'Université de Strasbourg (Institut international des droits de l'homme) Editions Pedone, 1983, p. 7.

[4] Voir Préface de la Réunion d'experts sur la répression nationale des violations du droit international humanitaire (DIH), CICR du 23 au 25 septembre 1997.

C'est un droit qui se fonde sur les canons classiques du droit international que sont les coutumes et les conventions internationales.

Son objet est aujourd'hui reconnu :

- **protéger les victimes** des conflits armés ;

- **limiter les moyens et méthodes** de guerre ;

- **définir les mécanismes destinés à garantir le respect** de ses dispositions conventionnelles ou coutumières.

C'est un droit parvenu à maturité qui aura au cours du temps développé ses propres principes fondamentaux, sa jurisprudence et sa doctrine.

II.3- DROIT INTERNATIONAL HUMANITAIRE ET DROITS HUMAINS

Les « Droits humains » sont nombreux. Ils visent à protéger la dignité de l'être humain et de ce fait expliquent les liaisons coupables de ces disciplines.

1. P. de la Pradelle soulignait, parlant des droits de l'Homme et du droit humanitaire, que ces deux systèmes juridiques poursuivaient en fin de compte un but suprême identique qui est d'imposer aux souverainetés un minimum irréductible de respect et de garantie de la condition humanitaire »[1].

Des mécanismes universels ou régionaux spécifiques sont apparus en matière des droits de l'Homme[2].

Il est à retenir que Jean Pictet a déduit de l'article 75 du protocole I, trois grands principes communs aux deux disciplines :

- le principe de **l'inviolabilité** qui garantit à tout individu non combattant le respect de la vie, de son intégrité physique et morale et des attributs inséparables de sa personnalité ;

- le principe de **non-discrimination** en vertu duquel les individus seront traités sans aucune distinction de race, de sexe, de nationalité, d'opinion politique, philosophique ou religieuse ;

- le principe de **sûreté** aux termes duquel l'individu a droit à la sûreté de sa personne ; nul ne peut être tenu pour responsable d'un acte qu'il n'a pas commis ; sont interdites les représailles, les peines collectives, la prise d'otages, les déportations ; chacun doit pouvoir bénéficier des garanties judiciaires usuelles.

---

[1] Voir Actes du congrès international du droit humanitaire.

[2] Voir OWONA (J.) et GONIDEC (P. F.), *Encyclopédie juridique de l'Afrique Chapitre XV, Les droits de l'Homme*, Dakar, NEA.

Ces garanties fondamentales ne souffrent d'aucune dérogation.

Les champs d'application respectifs de l'un et l'autre droit imposent leur non fusion en un seul droit.

2. Le « **droit du désarmement** » vise à la réduction ou à la maîtrise des armements des États.

Il peut rejoindre les exigences du droit international humanitaire par son objectif de limiter et d'interdire les armements nocifs.

Il participe ainsi avec le « droit de La Haye » à la limitation du choix des moyens de nuire à l'ennemi. Il veille à ce que les belligérants ne causent à leurs adversaires des maux hors proportion avec le but de la guerre.

Le droit du désarmement en ce qu'il concerne l'utilisation des armes particulièrement cruelles, participe au développement du droit humanitaire. Trois protocoles annexés à la convention sur l'interdiction ou la limitation de l'emploi de certaines armes classiques considérées comme produisant des effets traumatiques excessifs et sans discrimination peuvent être cités à cet effet :

- le protocole I concerne les éclats non localisables ;

- le protocole II porte sur l'interdiction ou la limitation de l'emploi des mines, pièges et autres dispositifs ;

- le protocole III porte sur l'interdiction ou la limitation des armes incendiaires.

3. Le droit de la paix (non recours à la force) (Jus contra bellum) fondé sur les pactes Briand-Kellogg et la charte des Nations unies participe aujourd'hui au développement de l'effectivité du droit international humanitaire par la répression du génocide, des crimes de guerre, des crimes contre l'humanité ou du crime d'agression…

Cependant, le propre du droit international humanitaire est de sécréter sa problématique propre, sans se départir de celle de tous les autres droits.

4. Il sera donc nécessaire pour une étude brève et simple du droit international humanitaire de nous poser trois types de problèmes :

- celui des sources, règles et principes du droit international humanitaire (chapitre I) ;

- celui des institutions *sui generis* d'application et du contrôle d'application de ce droit (chapitre II) ;

- et celui de la répression de ses violations (chapitre III).

Il conviendrait d'ajouter des observations sur l'Afrique et le droit international humanitaire (chapitre IV).

CHAPITRE I

SOURCES, REGLES ET PRINCIPES DU DROIT INTERNATIONAL HUMANITAIRE

INTRODUCTION

1. Les sources et les règles du droit international humanitaire dépassent largement les frontières internationales. Les constitutions et les lois internes, essentiellement pénales s'y intéressent amplement. Ces domaines restent de la compétence du droit interne.

2. Les sources et les règles du droit international humanitaire obéissent aux normes générales du droit international gouvernant l'identification des sources.

Les sources du droit international citées à l'article 38 des statuts de la CPJI et de la CIJ (conventions internationales générales ou spéciales, la coutume internationale, les principes généraux de droit, les décisions judiciaires, et la doctrine) sont celles consacrées par le droit international humanitaire.

A cet égard, quelques questions pertinentes sont à poser et à creuser :

- quel est l'impact du développement et de la codification propre au droit international humanitaire contemporain ?

- quel est le rôle du régionalisme adaptant à notre continent les normes de portée universelle ?

- et quelle est la part de la coutume internationale et celle supplétive des droits nationaux internes ?

Le « Manuel de la Croix-Rouge internationale », recueil des principes et des règles qui animent l'activité de cette organisation, étale avec une évidente clarté les sources consacrées du droit international humanitaire : conventions et accords internationaux, statuts et règlements, résolutions de la conférence internationale[1].

3. Les sources comporteraient donc les conventions universelles générales ou spéciales, et les autres sources dont la coutume internationale et les lois nationales.

---

[1] CICR/LSCR, Manuel de la Croix-Rouge internationale (douzième édition) Genève, février 1983, 767 pages.

I- LE DROIT DE LA HAYE, DROIT CONVENTIONNEL DES CONFLITS

Quel est son origine, son contenu et quels en sont les règles et principes ?

I.1- L'ORIGINE DU DROIT DE LA GUERRE

1. En 1860, sur l'inspiration de M. Lieder et à la demande du président Lincoln, une « Instruction pour le comportement des armées des États-Unis d'Amérique en campagne » (24 avril 1863) a été édictée[1].

Elle était en fait éloquente :

- l'article 35 déclarait : « les œuvres d'art classiques, bibliothèques, collections scientifiques ainsi que les hôpitaux doivent être protégés » ;

- l'article 37 : « les États-Unis reconnaissent et protègent, dans les pays ennemis occupés par eux, la religion et la moralité, la propriété strictement privée, la personne des habitants spécialement celle des femmes et le caractère sacré des relations de famille. Les infractions seront rigoureusement punies… ».

2. Ce code de comportement allait inspirer la « Déclaration de Saint-Pétersbourg» élaborée en 1868 sur proposition du cabinet impérial de Russie[2].

Celle-ci avait pour but de rendre la conduite des guerres compatible avec les lois d'humanité et les parties contractantes s'engageaient « à renoncer mutuellement, en cas de guerre entre elles, à l'emploi, par leurs troupes de terre ou de mer, de tout projectile d'un poids inférieur à 400 grammes explosible ou chargé de matières fulminantes inflammables ».

3. La même conférence internationale de la paix tenue du 29 novembre au 11 décembre 1868 va adopter « la Déclaration concernant l'interdiction d'employer des balles qui s'épanouissent ou s'aplatissent facilement dans le corps humain ».

4. La « Convention de La Haye du 18 octobre 1907 dite convention n° IV de 1907 et le règlement annexé concernant les lois et coutumes de la guerre sur terre » vont poser les bases du droit de La Haye, droit de la guerre.

Elle a pour objectif de restreindre autant que possible les rigueurs de la guerre en révisant les lois et coutumes générales de la guerre.

Elle est destinée à servir de « règle générale de conduite » aux belligérants dans leurs rapports entre eux et avec les populations.

---

[1] HAROUEL (Véronique), *Grands textes du droit humanitaire*, Que sais-je, Paris, PUF, 2001.

[2] Comité International de la Croix- rouge, droit international régissant la conduite des hostilités, collection de convention de La Haye et certains autres traités.

A l'article premier de la convention, les puissances contractantes s'engagent à donner à leurs forces armées de terre, des instructions qui seront conformes au « Règlement concernant les lois et coutumes de la guerre sur terre » annexé à celle-ci.

I.2- DEVELOPPEMENT DU DROIT DE LA GUERRE : CONVENTIONS DE LA HAYE ET AUTRES ACCORDS

1. Les conférences de La Haye sur la paix vont être la matrice féconde d'élaboration de multiples conventions sur le droit de la guerre.

Le « Manuel de la Croix-Rouge internationale » recense quatorze conventions à cet effet[1], dont sept dans la première moitié du 20e siècle :

i) la déclaration de Saint-Pétersbourg (du 29 novembre – 11 décembre 1868) à l'effet d'interdire l'usage de certains projectiles en temps de guerre.

ii) la déclaration de la Haye (conférence internationale de la paix de 1899) concernant l'interdiction d'employer des balles qui s'épanouissent ou s'aplatissent facilement dans le corps humain.

iii) la convention n° IV du 18 octobre 1907 de La Haye et règlement annexé concernant les lois et coutumes de la guerre sur terre.

iv) l'extrait de la convention n° VIII de 1907 de La Haye relative à la pose de mines sous-marines automatiques de contact.

v) l'extrait de la convention n° V du 18 octobre 1907 de La Haye concernant les droits et les devoirs des puissances et des personnes neutres en cas de guerre sur terre.

vi) l'extrait de la convention n° IX du 18 octobre 1907 de La Haye concernant le bombardement par des forces navales en temps de guerre.

vii) le protocole de Genève du 17 juin 1925 concernant la prohibition d'emploi, à la guerre, de gaz asphyxiants, toxiques ou similaires et de moyens bactériologiques.

Dans la deuxième moitié du 20e siècle, sept autres conventions vont voir le jour :

viii) la convention de La Haye du 14 mai 1954 pour la protection des biens culturels en cas de conflit armé.

ix) le règlement d'exécution de la convention de La Haye du 14 mai 1954 pour la protection des biens culturels en cas de conflit armé.

---

[1] Comité international de la Croix-Rouge, Manuel de la Croix-Rouge internationale (douzième édition, Genève, février 1983).

x) le protocole de La Haye du 14 mai 1954 pour la protection des biens culturels en cas de conflit armé.

xi) les résolutions de la conférence intergouvernementale du 14 mai 1954 de La Haye sur la protection des biens culturels en cas de conflit armé.

xii) la convention du 10 avril 1972 sur l'interdiction de la mise au point, de la fabrication et du stockage des armes bactériologiques (biologiques) ou à toxines et sur leur destruction.

xiii) la convention n° XII du 10 octobre 1976 sur l'interdiction d'utiliser des techniques de modification de l'environnement à des fins militaires ou toutes autres fins hostiles.

xiv) la conférence des Nations unies du 10 octobre 1980 sur l'interdiction ou la limitation de l'emploi de certaines armes classiques qui peuvent être considérées comme produisant des effets traumatiques excessifs ou comme frappant sans discrimination : acte final, convention, protocole, résolution.

2. Le comité international de la Croix-Rouge rattache d'autres accords internationaux au droit de La Haye :

- traité concernant la protection des institutions artistiques et scientifiques et des monuments historiques dit pacte de Roerich (Washington, 15 avril 1935) ;

- déclaration relative au droit de la guerre maritime (Londres, 26 février 1909 non ratifiée) ;

- lois de la guerre maritime dans les rapports entre belligérants. Manuels adoptés par l'Institut de droit international, (Oxford, 9 août 1913) ;

- convention concernant la neutralité maritime (La Havane, 20 février 1928) ;

- protocole concernant la prohibition d'emploi, à la guerre, de gaz asphyxiants toxiques ou similaires et de moyens bactériologiques (Genève, 17 juin 1925) ;

- convention sur l'interdiction ou la limitation de l'emploi de certaines armes classiques qui peuvent être considérées comme produisant des effets traumatiques excessifs ou comme frappant sans discrimination (Genève, 10 octobre 1980) ;

- protocole I relatif aux éclats non localisables (Genève, 10 octobre 1980) ;

- protocole I sur l'interdiction ou la limitation de l'emploi des mines, pièces et autres dispositifs (Genève, 10 octobre 1980) ;

- protocole III sur l'interdiction ou la limitation de l'emploi des armes incendiaires (Genève, 10 octobre 1980).

Le comité international de la Croix-Rouge inclut aussi dans le « Droit de La Haye » d'autres textes importants :

- l'article 25 du pacte de la Société des nations par lequel les membres de la société s'engagent « à encourager et favoriser l'établissement et la coopération des organisations volontaires nationales de la Croix-Rouge dûment autorisées, qui ont pour objet l'amélioration de la santé, la défense préventive contre la maladie et l'adoucissement des souffrances dans le monde » ;

- la résolution de l'Assemblée générale des Nations Unies relative à la Croix-Rouge.

La résolution de l'Assemblée générale des Nations Unies relative au respect des droits de l'Homme en période de conflit armé (1968-n° 2444/XXIII) qui entérine la résolution XXVIII adoptée à Vienne en 1968 et qui déclare :

« a) Que le droit des parties à un conflit armé d'adopter des moyens de nuire à l'ennemi n'est pas illimité.

b) Qu'il est interdit de lancer des attaques contre les populations civiles en tant que telles.

c) Qu'il faut en tout temps faire la distinction entre les personnes qui prennent part aux hostilités et les membres de la population civile, afin que ces derniers soient épargnés dans toute la mesure du possible »[1].

- Et la résolution de l'Assemblée générale des Nations Unies relative à l'état des signatures et des ratifications des protocoles additionnels aux conventions de Genève 1949 relatifs au respect des droits de l'Homme en période de conflit armé (8 décembre 1977) qui réaffirme « la nécessité de garantir le respect intégral des droits de l'homme en période de conflit armé en attendant la terminaison la plus rapide possible de ces conflits ».

Ces conventions et accords énoncent une multitude de règles et de principes.

I.3- LES OBJETS, PRINCIPES ET REGLES DU DROIT DE LA HAYE

Quel est l'objet général du droit de La Haye, quels sont ses principes et quelles règles en retenir ?

I.3.1- L'objet du droit de la Haye

1. L'objet général du droit de La Haye est de contenir la guerre dans l'esprit du droit international et du droit international humanitaire.

[1] Voir Comité international de la Croix-Rouge, manuel de la Croix-Rouge internationale, Genève 1983, pp. 409-411.

La guerre totale et sans règle n'est ni admise, ni acceptée. Elle est interdite.

La conduite de la guerre ou des conflits doit se faire sous l'empire du droit international général et surtout sous l'empire du droit international humanitaire conventionnel initié par le droit de La Haye.

La **Déclaration de Saint-Pétersbourg** de 1868 énonce à n'en point douter tout un programme :

« Que les progrès de la civilisation doivent avoir pour effet **d'atténuer autant que possible** les calamités liées à la guerre.

Que le seul but légitime que des États doivent se proposer durant la guerre est **l'affaiblissement des forces militaires de l'ennemi**.

Qu'à cet effet, il suffit de mettre hors de combat le plus grand nombre d'hommes possible.

Que ce but serait dépassé par **l'emploi d'armes qui aggraveraient inutilement les souffrances des hommes hors combat** ou rendraient leur mort inévitable.

Que l'emploi de pareilles armes serait dès lors contraire aux lois d'humanité ».

« Le Règlement concernant les lois et coutumes de la guerre sur terre » (La Haye 18 octobre 1907) annexé à la convention arrête à son article 22 que « **les belligérants n'ont pas un droit illimité quant au choix des moyens de nuire** à l'ennemi ».

Cette obligation générale emporte une multitude de prohibitions énumérées à l'article 23 du même règlement.

La conduite de la guerre est donc règlementée et encadrée par le droit international.

Hans Peter Gasser [1] souligne à bon droit l'idée essentielle de « limites » pour caractériser le droit relatif à la conduite des hostilités. Elle s'oppose à l'idée de guerre sans limites et de guerre totale.

Dans tous les cas, la « clause Martens » joue. Elle est incluse dans le préambule de la convention n° IV de La Haye concernant les lois et coutumes de la guerre sur terre. Elle a été incluse à l'article 1er du protocole n° I qui déclare :

---

[1] Voir GASSER (Hans Peter), *Le Droit international humanitaire*, Introduction tiré à part Hans Haug, Humanité pour tout mouvement international de la Croix-Rouge et du Croissant-Rouge, Institut Henry Dunant, Haupt, 1993, p. 56.

> « *Dans les cas non prévus par le présent Protocole ou par d'autres accords internationaux, les personnes civiles et les combattants restent sous la sauvegarde et sous l'empire du droit des gens, tels qu'ils résultent des usages établis* ».

Les guerres ou les conflits sont des pratiques, certes détestables. Mais, pour ce qui est de leurs conduites, elles sont encadrées par des règles et principes découlant du droit international général (conventionnel ou coutumier), bref du droit international humanitaire.

I.3.2- Les principes du droit de La Haye

La doctrine a tenté de résumer la quintessence du droit de la guerre, c'est-à-dire du droit de La Haye et des accords subséquents, applicables non seulement aux conflits internationaux mais aussi non internationaux.

Hans Peter Gasser retient trois principes :

> « 1° Le droit des parties à un conflit armé d'adopter des moyens de nuire à l'ennemi n'est pas illimité.
>
> 2° Il est interdit de lancer des attaques contre les populations civiles en tant que telles.
>
> 3° Les parties au conflit doivent en tout temps faire la distinction entre les personnes qui prennent part aux hostilités et la population civile et, elles doivent s'abstenir de diriger des attaques contre les membres de cette dernière ».

Ces trois principes auraient été réconfirmés et transposés par la conférence de réaffirmation du droit humanitaire (1974-1977).

Jean Pictet recense également trois principes propres au droit de la guerre[1] :

- le principe de limitation « *rationae personnae* », qui veut que les belligérants laissent les non combattants hors de l'atteinte des armes et s'interdisent de les attaquer ;

- le principe de limitation « *ratione loci* » qui veut que les attaques ne sont légitimement dirigées que contre les objectifs militaires dont la destruction partielle ou totale constituerait un avantage militaire ;

- le principe de limitation « *ratione conditionis* » qui proscrit les armes et les méthodes de guerre propres à créer des souffrances excessives et qui par ailleurs interdit les actes de guerre perfides ou par trahison.

---

[1] PICTET (J.), Commentaire du plan d'un cours sur le Droit international humanitaire, Comité international de la Croix-Rouge, tableau annexé, 48 pages.
PICTET (J.), *Développement et Principes du Droit international*, *Op cit.*, pp. 78-97.

La doctrine ajoute parfois le principe de proportionnalité qui exige un rapport entre les moyens militaires mis en œuvre et les destructions espérées ou entreprises.

I.3.3- Les règles pertinentes du droit de la guerre

Quelques règles, surtout les plus pertinentes peuvent être rappelées :

1. L'ouverture des hostilités exigerait une notification préalable qui se ferait sous forme d'une déclaration de guerre ou d'un ultimatum (Convention n° III).

2. Le déroulement des hostilités proprement dit est encadré par différentes prohibitions clairement édictées. A cet effet, l'article 23 de la convention n° IIIe déclare : « Outre les prohibitions établies par des conventions spéciales, il est notamment interdit :

a) D'employer du poison ou des armes empoisonnées ;

b) De tuer ou de blesser par trahison des individus appartenant à la nation ou à l'armée ennemie ;

c) De tuer ou de blesser un ennemi qui, ayant mis bas les armes ou n'ayant plus les moyens de se défendre, s'est rendu à discrétion ;

d) De déclarer qu'il ne sera pas fait de quartier ;

e) D'employer des armes, des projectiles ou des matières propres à causer des maux superflus ;

f) D'user indûment du pavillon parlementaire, du pavillon national ou des insignes militaires et de l'uniforme de l'ennemi, ainsi que des signes distinctifs de la convention de Genève ;

g) De détruire ou de saisir des propriétés ennemies, sauf les cas où ces destructions ou ces saisies seraient impérieusement commandées par les nécessités de la guerre ;

h) De déclarer éteints, suspendus ou non recevables en justice, les droits et actions des nationaux de la partie adverse.

Il est également interdit à un belligérant de forcer les nationaux de la partie adverse, à prendre part aux opérations de guerre dirigées contre leur pays, même dans le cas où ils auraient été mis à son service avant le commencement de la guerre ».

D'autres articles égrènent des interdictions expresses dans cette convention n° III :

Article 24 : « Les ruses de guerre et l'emploi des moyens nécessaires pour se procurer des renseignements sur l'ennemi et sur le terrain sont considérés comme licites ».

Article 25 : « Il est interdit d'attaquer ou de bombarder, par quelque moyen que ce soit, des villes, villages, habitations ou bâtiments qui ne sont pas défendus ».

Article 27 : « Dans les sièges et bombardements, toutes les mesures nécessaires doivent être prises pour épargner, autant que possible, les édifices consacrés aux cultes, aux arts, aux sciences et à la bienfaisance, les monuments historiques, les hôpitaux et les lieux de rassemblement de malades et de blessés, à condition qu'ils ne soient pas employés en même temps à un but militaire.

Le devoir des assiégés est de désigner ces édifices ou lieux de rassemblement par des signes visibles spéciaux qui seront notifiés d'avance à l'assiégeant ».

Article 28 : « Il est interdit de livrer au pillage une ville ou localité même prise d'assaut ».

L'article 30 dit que « l'espion pris sur le fait ne pourra être puni sans jugement préalable ».

3. D'autres règles édictent des prohibitions spéciales :

- la convention n° IV arrête qu'il est interdit en matière de guerre sous marine :

a) De placer des mines automatiques de contact non amarrées…

b) De placer des mines automatiques de contact amarrées qui ne deviennent pas inoffensives dès qu'elles ont rompu leurs amarres.

c) D'employer des torpilles qui ne deviennent pas inoffensives lorsqu'elles ont manqué leurs buts…

- la convention n° VI, à l'article 1er, déclare « qu'il est interdit de bombarder par des forces navales des ports, villes, villages, habitations ou bâtiments qui ne sont pas défendus ».

- Par le protocole de Genève (17 juin 1925), les « Hautes Parties contractantes… acceptent d'étendre cette interdiction d'emploi aux moyens de guerre bactériologiques et conviennent de se considérer comme liées entre elles aux termes de cette Déclaration ».

- La Convention n° VII relative à la protection des biens culturels précise en son article 3 que « les Hautes parties contractantes s'engagent à préparer, dès le temps de paix, la sauvegarde des biens culturels situés sur leur propre territoire contre les effets prévisibles d'un conflit armé, en prenant les mesures qu'elles estiment appropriées ».

A l'article 4, les mêmes hautes parties contractantes **s'interdisent** « **l'utilisation de ces biens** », s'engagent à en « **assurer l'immunité** », de même qu'elles s'interdisent, « **l'exportation de biens culturels d'un territoire occupé par elle lors d'un conflit armé** ». Ces biens culturels sont inscrits au registre international (convention n° X).

- La convention n° XII du 10 avril 1972, en son article 1er déclare que « chaque État partie à la présente convention s'engage à ne jamais et en aucune circonstance mettre au point, fabriquer, stocker, ni acquérir d'une manière ou d'une autre, ni conserver :

i) Des agents microbiologiques ainsi que des toxines…

ii) Des armes, de l'équipement ou des vecteurs destinés à l'emploi de tels agents ou toxines à des fins hostiles ou dans un conflit armé ».

Ces prescriptions sont accompagnées d'autres engagements lourds ; à détruire ou à ne transférer ni directement ni indirectement ceux-ci à qui que ce soit, à prendre les mesures nécessaires pour interdire ou empêcher la mise au point des armes bactériologiques (articles 2, 3 et 4).

- La convention n° XII du 10 octobre 1976 prescrit l'interdiction d'utiliser à des fins militaires ou à toutes autres hostilités, des **techniques de modification de l'environnement**.

L'article final de la Conférence des nations unies du 10 octobre 1980 sur l'interdiction ou la limitation de l'emploi de certaines armes classiques a adopté une convention. Celle-ci comporte cinq appendices :

- **L'appendice A** est relative à l'interdiction ou la limitation de l'emploi de certaines armes classiques qui peuvent être considérées comme produisant des effets traumatiques excessifs ou comme frappant sans discrimination.

- **L'appendice B** interdit « d'employer toute arme dont l'effet principal est de blesser par des éclats qui ne sont pas localisables par rayon X dans le corps humain ».

- **L'appendice C** « interdit en toutes circonstances de diriger les armes auxquelles s'applique le présent article contre la population civile en général ou contre des civils individuellement, que ce soit à titre offensif, défensif ou de représailles. Il s'applique aux mines, aux pièges ou autres dispositifs ».

- **L'appendice D** « interdit l'emploi des armes incendiaires, c'est-à-dire de toute arme ou munition essentiellement conçue pour mettre le feu à des objets ou pour infliger des brûlures à des personnes par l'action des flammes de la chaleur ou d'une combinaison des flammes et de la chaleur, qui dégage une réaction chimique ».

- **L'appendice E** « porte sur les systèmes d'armes de petit calibre et conseille à tous les gouvernements qu'ils fassent preuve de la plus grande prudence dans la mise au point de systèmes d'armes de petit calibre, de façon à éviter une inutile intensification des effets traumatiques desdits systèmes ».

Le « Droit de La Haye » ou « Droit de la guerre » interfère avec le droit de Genève.

C'est ainsi que l'article 13 du protocole additionnel aux conventions de Genève du 12 août (protocole II) déclare :

« La population civile et les personnes civiles jouissent d'une protection générale contre les dangers résultant d'opérations militaires ».

A cet effet, l'article 13(2) précise que « ni la population civile en tant que telle, ni les personnes civiles ne devront être l'objet d'attaques… » ().

Ce protocole n° II qui est additionnel multiplie par ailleurs les protections au bénéfice de la population civile :

- « Il est interdit d'utiliser contre les personnes civiles, **la famine comme méthode de combat**. Il est par conséquent interdit d'attaquer, de détruire, d'enlever ou de mettre hors d'usage à cette fin des biens indispensables à la survie de la population civile tels que les denrées alimentaires et les zones agricoles…, les récoltes, le bétail, les installations, les réserves d'eau potable et les ouvrages d'irrigation » (article14).

- « Les ouvrages d'art ou les installations contenant des forces dangereuses, à savoir les barrages, les digues et les centrales nucléaires de production d'énergie électrique, ne seront pas l'objet d'attaques, même s'ils constituent des objectifs militaires lorsque ces attaques peuvent entraîner la libération de ces forces et causer, en conséquence, des pertes sévères dans la population » (article 15).

- « Il est interdit de commettre tout acte d'hostilité dirigé contre les monuments historiques, les œuvres d'art ou les lieux de culte qui constituent le patrimoine culturel ou spirituel des peuples et de les utiliser à l'appui de l'effort militaire » (article 16).

- « Le déplacement de la population ne pourra être ordonné pour des raisons ayant trait au conflit… » (article 17).

Le protocole additionnel n°1 réplique dans les mêmes termes ces dispositions[1] tout en complétant les conventions de Genève de 1949.

[1] Voir Protocole additionnel n°1, particulièrement les articles 52, 53, 54, 55 et 56.

II- LE DROIT DE GENEVE OU DROIT DE LA CROIX-ROUGE

Le droit de Genève qualifié de droit de la Croix-Rouge ou « Droit humanitaire proprement dit »[1] est le « droit de la protection des personnes sans défense dans la guerre »[2].

Il tend à sauvegarder les militaires hors de combat ainsi que les personnes qui ne participent pas aux hostilités. Elles sont respectées, protégées et traitées humainement.

Ces principes et règles sont contenus dans les conventions de Genève de 1949 complétées par les deux protocoles additionnels de 1977.

Quels en sont l'origine, le développement et le contenu ?

II.1- L'ORIGINE DU DROIT DE GENEVE

Le droit international humanitaire proprement dit trouve son point de départ dans la convention pour l'amélioration du sort des militaires blessés dans les armées en campagne (Genève 1844).

L'article 6 de cette convention en résume l'esprit : « les militaires blessés ou malades seront recueillis et soignés à quelque nation qu'ils appartiennent ».

Ce droit protège les personnes sans défense. Cette catégorie comprend les membres des forces armées blessés qui n'opposent plus de résistance, les naufragés, ceux qui ont déposé les armes, les militaires et les personnes civiles faits prisonniers et la population civile tombée au pouvoir de l'adversaire.

II.2- LE DEVELOPPEMENT DU DROIT DE GENEVE : conventions et protocoles additionnels

Le Comité international de la Croix-Rouge recense aujourd'hui plus de sept instruments internationaux régissant le droit humanitaire proprement dit : les conventions de Genève du 12 août 1949, les protocoles additionnels (I et II) et les résolutions de la conférence diplomatique sur la réaffirmation et le développement[3].

II.2.1- Les conventions de Genève du 12 août 1949

Les conventions de Genève sont au nombre de quatre :

- la convention de Genève pour l'amélioration du sort des blessés et des malades dans les forces armées en campagne ;

---

[1] Hans (P. G.), *Le droit international humanitaire.*

[2] PICTET (Jean), *Développement et principes du Droit international humanitaire*, Institut Henri Dunant, Genève, Edition Pedone, 1993. Cours (Institut International des droits de l'Homme. p. 8).

[3] Voir Comité international de la Croix-Rouge, Ligue des sociétés de la Croix-Rouge, Manuels de la Croix-Rouge internationale, douzième édition, Genève, février 1983 (767 pages), pp. 23-329.

- la convention de Genève pour l'amélioration du sort des blessés, des malades et des naufragés des forces armées sur mer du 12 août 1949 ;

- la convention de Genève relative au traitement des prisonniers de guerre du 12 août 1949 ;

- et la convention de Genève relative à la protection des personnes civiles en temps de guerre du 12 août 1949.

II.2.2- Les protocoles additionnels I et II de 1977

Deux protocoles additionnels s'ajoutent aux conventions de Genève et viennent les actualiser.

L'introduction des articles généraux figurant en tête de ces conventions a tendu à les rendre applicables en toutes circonstances. Il y est déclaré : « les Hautes Parties contractantes s'engagent à respecter et à faire respecter la présente Convention en toutes circonstances »[1].

Toutefois, le protocole n° II relatif à la protection des victimes des conflits armés non internationaux place « la personne humaine sous la sauvegarde des principes d'humanité et des exigences de la conscience publique ».

Le protocole additionnel de 2005 a institué un troisième emblème, le Gustal-rouge pour répondre aux demandes à Israël et de l'Erythrée qui rejetaient la Croix-Rouge et le Croissant-Rouge.

Des résolutions, notamment celles de la conférence diplomatique de Genève de 1949 et celles de la quatrième session de la conférence diplomatique sur la réaffirmation et le développement du droit international humanitaire complètent ces instruments conventionnels internationaux.

II.3- PRINCIPES ET REGLES DU DROIT DE GENEVE

II.3.1- Les principes du droit de Genève

Jean Pictet[2] retient six principes dont trois propres au droit de la guerre et trois autres communs au droit de Genève et aux droits de l'Homme.

a. Les principes propres au droit de la guerre

Les principes propres aux victimes des conflits sont la neutralité, la normalité et la protection.

---

[1] Article 1er commun aux quatre conventions et aux protocoles additionnels I.

[2] PICTET, *Commentaire du plan d'un cours sur le droit international humanitaire, op cit.*

a.1- Le principe de neutralité

Le principe de neutralité veut dire que l'assistance humanitaire n'est pas un acte hostile ou une entorse à la neutralité, ou une prise de position contre une des parties au conflit.

« En aucune circonstance, cette activité ne sera considérée comme une ingérence dans le conflit », déclare l'article 64 alinéa 1 du protocole n° I parlant de l'action civile.

Les offres d'actions humanitaires ne « seront considérées ni comme une ingérence dans le conflit armé ni comme des actions hostiles ».

La Croix-Rouge a adopté le principe de la neutralité comme un des principes fondamentaux de son action afin de garder la confiance de toutes les parties au conflit. Elle s'abstient de prendre part aux hostilités et en tout temps aux hostilités d'ordre politique, racial, religieux ou philosophique.

a.2- Le principe de normalité

Il vise à garantir que les personnes protégées mènent une vie aussi normale que possible.

Un compromis raisonnable doit être établi entre les nécessités de la guerre et les impératifs humanitaires.

La condition de victime d'un conflit (prisonnier, blessé, naufragé) n'est pas infamante et n'établit aucune *capitis d'iminuto* de la condition humaine.

a.3- Le principe de protection

Ce principe impose à l'État d'assurer la protection nationale et internationale des personnes tombées en son pouvoir.

Jean Pictet[1] déduit de ce principe cardinal trois principes d'application :

i) Le principe n'est pas au pouvoir des troupes qui l'ont capturé ;

ii) L'État ennemi est responsable du sort et de l'entretien des personnes dont il a la garde et en pays occupé, du maintien de l'ordre et de la vie publics ;

iii) Les victimes des conflits seront pourvues d'un protecteur international sitôt qu'elles n'auront plus de protecteur naturel.

b. Les principes communs au droit de Genève et au droit de l'Homme

L'inviolabilité, la non-discrimination, la sûreté sont les trois autres principes communs au droit de Genève et aux droits de l'Homme.

---

[1] Voir PICTET (J.), *op cit.*

b.1- Le principe d'inviolabilité

Le principe d'inviolabilité réside dans le fait que l'individu a droit au respect de sa vie, de son intégrité, physique et morale et des attributs inséparables de sa personnalité.

De celui-ci découlent plusieurs principes d'application :

i) l'homme qui tombe au combat est inviolable et l'ennemi qui se rend aura la vie sauve ;

ii) sont interdits, la torture, les peines ou traitements cruels et/ou dégradants ;

iii) chacun verra reconnaître sa personnalité juridique ;

iv) chacun a droit au respect de son bonheur, de ses droits familiaux, de ses convictions et de ses coutumes ;

v) tout homme qui souffre sera recueilli et recevra des soins que requiert son état ;

vi) chacun a le droit d'échanger des nouvelles avec les siens et de recevoir des envois de secours ;

vii) nul ne peut être arbitrairement privé de sa propriété.

b.2- Le principe de non-discrimination

Le principe de non-discrimination fait que les « individus seront traités sans aucune distinction fondée sur la race, le sexe, la nationalité, la langue, la classe sociale, la fortune, les opinions politiques, philosophiques ou religieuses ou sur tout autre critère analogue ».

Toutefois, des différences de traitement seront pratiquées au bénéfice des individus afin de parer aux inégalités résultant de leur situation personnelle, de leurs besoins ou de leur détresse.

b.3- Le principe de sûreté

Le principe de sûreté est un principe cardinal qui veut que l'individu ait droit à la sûreté de sa personne. Sa mise en œuvre s'appuie sur quatre principes d'application notamment :

i) nul ne peut être tenu pour responsable d'un acte qu'il n'a pas commis ;

ii) sont interdites les représailles, les peines collectives, les prises d'otages, les déportations ;

iii) chacun bénéficiera des garanties judiciaires reconnues par les peuples civilisés ;

iv) nul ne peut renoncer aux droits que les conventions humanitaires lui reconnaissent.

II.3.2- Les règles pertinentes du droit de Genève

Une disposition fondamentale est commune à toutes les conventions de Genève qu'elle couvre d'un impératif catégorique de traitement humanitaire. Quelques règles pertinentes peuvent être choisies et rappelées en ce qui concerne des catégories précises de personnes (blessés, malades et naufragés, prisonniers de guerre, personnes civiles…) à protéger.

a. L'impératif catégorique de protection humanitaire

Il résulte de l'article 3 commun aux conventions de Genève complété par le protocole n° II. Ce texte se passe de commentaire. Il dit l'essentiel, l'impératif et le perpétuel et, s'applique **aujourd'hui à tous les conflits** :

« 1. Les personnes qui ne participent pas directement aux hostilités, y compris les membres des forces armées qui ont déposé les armes et les personnes qui ont été mises hors combat par maladie, blessure, détention ou pour toute autre cause, seront en **toutes circonstances**, traitées **avec humanité**, sans aucune distinction de caractère défavorable basée sur la race, la couleur, la religion ou la croyance, le sexe, la naissance, la fortune ou tout autre critère analogue ».

Elle poursuit péremptoirement :

« A cet effet, sont et demeureront prohibées, en tous **temps** et en tout **lieu** à l'égard des personnes mentionnées ci-dessus :

i) les atteintes portées à la vie et à l'intégrité corporelle… notamment le meurtre sous toutes ses formes, les mutilations, les traitements cruels, tortures et supplices.

ii) les prises d'otages.

iii) les atteintes à la dignité des personnes, notamment les traitements humiliants et dégradants.

iv) les condamnations prononcées et les exécutions effectuées sans un jugement préalable, rendu par un tribunal régulièrement constitué, assorti de garanties judiciaires reconnues comme indispensables par des peuples civilisés ».

Le comité international de la Croix-Rouge (CICR) pourra offrir à cet égard ses services.

« 2. Les blessés et malades seront recueillis et soignés ».

b) La protection des blessés, malades et naufragés

1. Les droits assurés par les conventions de Genève aux malades, blessés et naufragés sont inaliénables et ceux-ci ne pourront en aucun cas y renoncer (article 7 des conventions I et II).

2. Les « membres des forces armées et les autres personnes » couvertes par les conventions seront traités et soignés avec humanité et sans aucune distinction (article 12 des conventions I et II).

Seules des raisons d'urgence médicale autoriseront une priorité dans l'ordre des soins.

« Les femmes seront traitées avec tous les égards particuliers dus à leur sexe ».

Les blessés doivent être recherchés et évacués. Les parties au conflit devront enregistrer dans les plus brefs délais tous les éléments propres à identifier les blessés, les malades et les morts.

Ces renseignements devront si possible comprendre :

i) l'indication de la puissance dont ils dépendent ;

ii) l'affectation d'un numéro matricule ;

iii) le nom de famille ;

iv) le ou les prénoms ;

v) la date de naissance ;

vi) tout autre renseignement figurant sur la carte ou la plaque d'identité ;

vii) les renseignements concernant les blessures, la maladie ou la cause de décès.

Ces renseignements doivent être communiqués au bureau de renseignements à Genève.

Le plus important est que « les blessés et les malades d'un belligérant, tombés au pouvoir de l'adversaire, seront prisonniers de guerre et les règles du droit des gens concernant les prisonniers de guerre leur seront applicables » (article 14 de la convention n° I).

3. Le droit de guerre est protecteur des personnels et des structures sanitaires.

L'article 14 déclare que les établissements fixes et les formations sanitaires mobiles du service de santé « ne pourront en aucune circonstance être l'objet d'attaques ».

L'article 23 de la convention n°I prévoit la création des « zones et localités sanitaires » sur le territoire des hautes parties contractantes.

La protection des divers types de personnels sanitaires est également assurée (articles 24 et 25 de la convention n° I, article 36 de la convention n° II et article

26 de la convention n° III). Toutes les catégories de personnels sont couvertes par cette protection.

Il en est de même des navires écoles (article 22 de la convention n° II) et des hôpitaux civils (article 18 de la convention n° IV), des transports sanitaires navires et aéronefs (article 34 de la convention n° II) ainsi que des transports sanitaires civils.

Le libre passage et l'envoi des médicaments est également garanti.

Le Protocole Additionnel n°I a abondamment complété et précisé cette protection dans plusieurs de ses dispositions[1]. Il accorde une protection générale à la mission médicale : « nul ne sera puni pour avoir exercé une activité à caractère médical conforme à la déontologie, quels qu'aient été les circonstances ou les bénéficiaires de cette activité » (article 16 du protocole additionnel n° VII).

4. Le personnel religieux fait également l'objet d'une protection générale. Cette protection s'étend aux personnes militaires ou civiles telles que les aumôniers rattachés aux forces armées, aux unités sanitaires, aux organismes de protection civile (article 33 de la convention n° I).

« Le personnel religieux civil sera respecté et également protégé » (alinéa n°5 de l'article 5 du protocole additionnel n° I).

c) La protection des prisonniers de guerre

Une protection générale est accordée et des règles spéciales sont édictées par la convention n° III.

1. La protection générale des prisonniers de guerre est accordée par les dispositions du titre II :

L'article 13 déclare que les prisonniers de guerre doivent être traités en tout temps avec humanité :

Il ajoute : « Les prisonniers de guerre doivent de même être protégés en tout temps, notamment contre tout acte de violence ou d'intimidation, contre les insultes et la curiosité publique ».

Ces dispositions déroulent avec clarté les obligations contenues dans cette protection générale : traitement humain (article 13), respect de la personne des prisonniers (article 15), égalité de traitement (article 16)…

Ces dispositions s'appliquent en cas d'occupation de tout ou partie du territoire.

---

[1] Voir articles 10, 11, 12, 13, 14, 15, 16…

Elles concernent les membres des forces armées d'une partie au conflit, les membres des autres milices et les membres des autres corps de volontaires, y compris ceux des mouvements de résistance armés ayant à leur tête un responsable, portant un signe distinctif, portant ouvertement des armes, se conformant aux lois et coutumes de la guerre dans leurs opérations.

Le protocole additionnel n° I est venu étendre ces garanties aux conflits dans lesquels les peuples luttent contre la domination coloniale et l'occupation étrangère et contre les régimes racistes dans l'exercice du droit des peuples à disposer d'eux-mêmes (article I).

Les puissances protectrices et le Comité international de la Croix-Rouge sont invités à prêter leurs bons offices pour faciliter l'établissement et la reconnaissance des zones et localités sanitaires et de sécurité.

2. De multiples autres règles sont des lois prescrites pour protéger les prisonniers de guerre :

- aucun prisonnier de guerre ne pourra, à quelque moment que ce soit, être envoyé dans une région où il sera exposé au feu de la zone des combats (article 23 de la convention n° III) ;

- les conditions de logement, d'alimentation, d'habillement seront aussi favorables que celles réservées aux troupes de la puissance détentrice (chapitre II de la convention n°III).

- la puissance détentrice sera tenue de prendre « les mesures d'hygiène nécessaires » pour assurer la salubrité des camps (chapitre III) ;

- un personnel médical et religieux sera retenu pour assister les prisonniers de guerre (chapitre IV de la convention n°III) ;

- les officiers et assimilés prisonniers de guerre seront traités avec les égards dus à leur grade et à leur âge, ainsi que les prisonniers de guerre autres que les officiers (chapitre VII de la convention) ;

- les prisonniers de guerre ne pourront être astreints qu'à certaines catégories de travaux :

i) agriculture ;

ii) industries productives, extractives ou manufacturières ;

iii) transports et manutention sans caractère ou destination militaire ;

iv) activités commerciales ou artistiques ;

v) services domestiques ;

vi) services publics sans caractère militaire.

- la puissance détentrice versera à tous les prisonniers de guerre « une avance de solde mensuelle » (article 60 de la convention n°III) ;

- les prisonniers de guerre sont autorisés à expédier ainsi qu'à recevoir des lettres et des cartes (article 71 de la convention) ;

- et les captifs ont le droit d'élire parmi eux un « homme de confiance » chargé de les représenter auprès des autorités de la puissance détentrice et des organismes d'assistance (article 79 de la convention n°III).

Ils ont le droit de présenter aux autorités militaires au pouvoir desquelles ils se trouvent, des requêtes concernant le régime de captivité auquel ils sont soumis (article 78 de la convention).

d) La protection de la population civile

Jean Pictet estime que la convention n° IV représente la grande conquête humanitaire de la conférence de 1949 et « un progrès important du droit humanitaire international »[1].

1. La protection générale des populations contre certains effets de la guerre est assurée sans aucune discrimination défavorable, de race, de nationalité, de religion ou d'opinion politique (titre II de la convention n°IV).

Les parties en conflit intéressées pourront conclure entre elles des accords pour la reconnaissance des zones et localités sanitaires et de sécurité.

Ces zones neutralisées sont destinées à mettre à l'abri des dangers des combats sans aucune distinction, les personnes suivantes :

i) les blessés et les malades, combattants ou non combattants ;

ii) les personnes civiles qui ne participent pas aux hostilités et qui ne se livrent à aucun travail à caractère militaire pendant leur séjour dans ces zones (articles 14 et 16 de la convention n° IV).

« Les blessés et malades, ainsi que les infirmes et les femmes seront l'objet d'une protection et d'un respect particuliers » (article 16 de la convention n°IV).

2. Une multitude de règles découlent de cette convention n° IV. Elles sont relatives au traitement, aux garanties judiciaires et entre autres, aux mesures d'internement. La protection des habitants des territoires occupés y prend une place particulière. A cet effet :

- l'article 27 dispose que : « Les personnes protégées ont droit, en toutes circonstances, au respect de leur personne, de leur bonheur, de leurs droits familiaux, de leurs convictions et pratiques religieuses, de leurs habitudes et de leurs coutumes. Elles seront traitées en tout temps, avec humanité… » ;

---

[1] Voir PICTET (J.), *op cit.*, p 27.

- l'article 31 déclare « qu'aucune contrainte d'ordre physique ou moral ne peut être exercée à l'égard des personnes protégées, notamment pour obtenir d'elles ou de tiers, des renseignements » ;

- l'article 32 impose aux hautes parties contractantes de s'interdire « expressément toute mesure de nature à causer soit des souffrances physiques, soit l'extermination des personnes protégées en leur pouvoir », la torture, les peines corporelles, les mutilations et les expériences médicales ou scientifiques non nécessitées par le traitement médical d'une personne protégée. Toute autre brutalité est interdite du fait des agents civils ou d'agents militaires ;

- l'article 33 arrête qu'« aucune personne protégée ne peut être punie pour une infraction qu'elle n'a pas commise personnellement ». Les peines collectives, les mesures d'intimidation ou de terrorisme sont interdites ;

- l'article 34 interdit la prise d'otages ...

- l'article 49 porte prohibition des déportations quel qu'en soit le motif ;

- l'article 51 interdit l'enrôlement dans les forces armées de la puissance occupante ou à un travail autre, nécessaire à l'armée ;

- l'article 53 interdit la destruction des biens mobiliers ou immobiliers appartenant individuellement ou collectivement à des personnes privées, à l'État ou à des collectives publiques, à des organisations sociales ou coopératives ;

- l'article 54 interdit à la puissance occupante de modifier le statut des fonctionnaires ou des magistrats du territoire occupé ;

- l'article 55 impose un devoir de ravitaillement et d'approvisionnement de la population en vivres et en produits médicaux ;

- l'article 56 impose à la puissance occupante le devoir d'assurer et de maintenir avec le concours des autorités nationales et locales, les établissements et les services médicaux et hospitaliers.

Le droit de Genève impose l'empire de la législation pénale nationale « sauf si cette législation constitue une menace pour la sécurité », ou un obstacle à l'application des conventions de Genève.

Les dispositions pénales édictées par la puissance occupante « ne peuvent avoir un effet rétroactif et doivent faire l'objet d'une publicité adéquate et, être portée à la connaissance de la population » (article 64 de la convention n° IV).

Il faut noter qu'une « Agence centrale de renseignements sur les prisonniers de guerre » sera créée en pays neutre.

Le droit de Genève et le droit de La Haye ne constituent plus les seules sources du droit humanitaire. Il s'est développé un droit humanitaire moderne dans le cadre des Nations Unies.

III- LES AUTRES CONVENTIONS INTERNATIONALES HUMANITAIRES

Il est difficile de réduire aujourd'hui le droit international humanitaire au droit de Genève et au droit de La Haye. D'autres conventions internationales universelles régissent des **situations et états humanitaires** désespérés comme l'apatridie, le génocide, la condition de réfugié, sur l'imprescriptibilité des crimes de guerre, etc.

En effet, des conventions récentes sont venues déterminer et préciser les crimes humanitaires et les institutions pénales (tribunaux pénaux internationaux) habilitées à les sanctionner.

Il conviendrait d'ajouter à ces conventions certains instruments de garantie internationale des droits de l'Homme.

III.1- LE DROIT HUMANITAIRE ISSU DES DROITS DE L'HOMME ET DU DROIT DU DESARMEMENT

III.1.1- Droit humanitaire issu du droit de l'Homme

Déjà Jean Pictet[1] recensait des principes (inviolabilité, non-discrimination, sûreté…) communs aux droits de l'Homme et au droit de Genève.

1. L'acte général de la conférence de Berlin du 26 février 1885 constitue la traite des esclaves en infraction internationale.

Ce texte fondateur a été complété par la convention supplémentaire des Nations Unies du 7 septembre 1956 relative à l'abolition de l'esclavage et des institutions et pratiques analogues à l'esclavage…

2. D'autres instruments internationaux sont venus renforcer cette codification. La Déclaration universelle des droits de la personne humaine en son article 4 fait référence à l'article 5 de la Charte africaine des droits de l'Homme et des peuples qui déclare :

« Tout individu a droit au respect de la dignité inhérente à la personne humaine… Toutes formes d'exploitation et d'avilissement de l'homme notamment l'esclavage, la traite des personnes, la torture physique ou morale et les peines ou les traitements civils inhumains ou dégradants sont interdites ».

Le protocole relatif aux droits des femmes et la charte africaine des droits de l'enfant déclarent que les États parties s'engagent « à respecter et à faire respecter les règles du droit international humanitaire en cas de conflits armés ».

---

[1] PICTET (J.), Commentaire d'un plan d'un cours sur le Droit international humanitaire CICR, *op cit.*.

III.1.2- Droit humanitaire issu du droit du désarmement

D'autres **conventions internationales** relatives notamment à l'emploi de « certaines catégories d'armes[1] » apparaissent comme complémentaires au droit de La Haye. Elles concernent les armes atomiques (armes A), armes bactériologiques (armes B), et les armes chimiques (armes C).

Dans une approche globalisante, Michel Bélanger note à cet effet, et avec pertinence que « l'idée de réglementation est ainsi complétée par celle de **destruction** »[2].

i) La convention du 10 avril 1972 (Londres Moscou Washington) porte sur l'interdiction de la mise ou point, de la fabrication et du stockage des armes bactériologiques ou à toxines et sur leur destruction. Elle est conclue pour une durée illimitée.

« Chaque État partie… s'engage à ne jamais et en aucune circonstance, mettre au point, fabriquer, stocker, ni acquérir d'une manière ou d'une autre, ni conserver » des agents microbiologiques, des armes, de l'équipement ou des vecteurs destinés à l'emploi de tels agents ou toxines.

ii) La convention du 10 octobre 1976 sur l'interdiction d'utiliser des techniques de modification de l'environnement (à des fins militaires ou toutes autres fins hostiles renvoie également à cette catégorie particulière de restriction, étant donné qu'elle interdit des manipulations délibérées des processus météorologiques naturels.

iii) La convention cadre de Genève du 10 octobre 1980 porte interdiction ou limitation de l'emploi de certaines « armes classiques » produisant des effets traumatiques excessifs ou comme frappant sans discrimination.

iv) L'appendice B relatif aux éclats non localisables dont l'effet principal est de blesser le corps humain par des éclats non localisables aux rayons X.

v) L'appendice C porte sur l'interdiction ou la limitation de l'emploi des mines, des pièges et autres dispositifs. Il interdit en toutes circonstances de diriger ces armes contre la population civile en général ou contre des civils individuellement.

vi) L'appendice D porte limitation de l'emploi des armes incendiaires définies comme toutes armes ou munitions essentiellement conçues pour mettre le feu à des objets ou pour infliger des blessures à des personnes par l'action des flammes (article 1).

Elles ne peuvent être dirigées contre les populations civiles.

---

[1] Voir BELANGER (Michel), *Droit international humanitaire général*, 2e édition, Master Merventos, LMD Gualino, pp. 57-59.

[2] *Ibid.*

Plusieurs catégories d'armes sont ici visées par ces conventions : armes indiscriminées (bombardements tapis), armes à fragmentation (bombes à sous munition) et armes à laser aveuglantes.

Par ailleurs, la **convention** de Paris du 13 janvier 1993 **sur l'interdiction de la mise au point, de la fabrication, du stockage et de l'emploi des armes chimiques et sur la destruction** complète ces instruments internationaux.

Il faut également mentionner la **convention d'Oslo-Ottawa** des 18 septembre et 3 décembre 1997 qui porte interdiction de l'emploi, du stockage, de la production et du **transfert des mines antipersonnel et leur destruction**.

L'emploi de l'arme nucléaire pose certainement des problèmes à cet égard : il existe une interdiction de mener des attaques sans discrimination et d'employer des armes de nature à causer des maux superflus (articles 35 et 51 du protocole additionnel n° I, la résolution n° 1653 (XVI) du 24 novembre 1961 portant déclaration sur l'interdiction de l'emploi des armes nucléaires et résolution 2939 (XXVII) de l'Assemblée générale des Nations unies)[1].

Ces armes comprennent les bombes atomiques, les bombes à hydrogène et les bombes thermonucléaires.

Ces différentes conventions s'apparentent au droit de La Haye tandis qu'il en existe qui se rattachent à d'autres domaines.

III.2- DROIT HUMANITAIRE DES VICTIMES ET DES SITUATIONS DE CRISE

Il conviendrait de distinguer ici l'état de certaines victimes des conflits ou des tensions, des situations néfastes telles que le génocide.

Le droit international régissant l'état de certaines victimes des conflits et des tensions participe à coup sûr au droit international humanitaire sans pour autant faire partie du droit de Genève ou du droit de La Haye[2].

III.2.1- La convention relative au statut des réfugiés

La convention de Genève du 28 juillet 1951 relative aux statuts des réfugiés fait partie de ces règles qui accordent aux intéressés un certain nombre de garanties :

---

[1] HANS (P. G.), *Le droit international humanitaire, op cit.*, pp. 64-65.
Société française pour le droit international (SFI), colloque de Montpellier. *Le droit international et les armes* Paris, Editions Pedone, Rapport général, Le droit et les types d'armes, pp. 1-90.
[2] MELANDER (Goran) et NOBEL (Peter), *Instruments légaux internationaux sur les réfugiés en Afrique, International legal instruments on Refugees in Africa*, Institut scandinave d'études africaines Uppsala, 1979, 412 pages, pp. 25-65.

« Les États contractants appliqueront les dispositions de cette Convention aux réfugiés sans discrimination quant à la race, la religion ou le pays d'origine » donc principe de non-discrimination (article 3).

« Ils accorderont aux réfugiés sur leur territoire un traitement au moins aussi favorable que celui accordé aux nationaux en ce qui concerne la liberté de pratiques de leur religion et en ce qui concerne la liberté d'instruction religieuse de leurs enfants » (article 4).

« Les États contractants accorderont à tout réfugié un traitement aussi favorable que possible que celui accordé, dans les mêmes circonstances, aux étrangers en général en ce qui concerne l'acquisition de la propriété mobilière et immobilière et autres droits s'y rapportant » (article 13).

La même protection s'étend à d'autres domaines : propriété intellectuelle et industrielle (article 14), droit d'association syndicale et non politique (article 15), accès aux cours et tribunaux du pays (article 16), droit à des emplois lucratifs (article 17), aux professions libérales (article 19), à la sécurité sociale, droit au rationnement égal et équitable (article 20), droit au logement (article 21) et droit à l'éducation (article 22), etc.

III.2.2- La convention relative au statut des apatrides

La convention de New York du 28 septembre 1954 participe également aux objectifs d'humanisation du sort de ceux des apatrides, c'est-à-dire de ceux à qui aucun état n'accorde sa nationalité[1].

Elle reprend systématiquement les précédentes dispositions et, est complétée par « la Convention de New York du 30 août 1961 sur la réduction des cas d'apatridie ».

Celle-ci en son article premier déclare que « tout État accorde sa nationalité à l'individu né sur son territoire… a) de plein droit à la naissance ou b) sur sa demande ».

Elle interdit à l'article 9, toute discrimination « pour des raisons d'ordre racial ethnique, religieux ou politique ».

Une autre convention de l'Organisation de l'unité africaine, celle d'Addis-Abeba du 10 septembre 1969, régit les aspects propres aux problèmes des réfugiés en Afrique.

Elle déclare que « l'octroi du droit d'asile aux réfugiés constitue un acte pacifique et **humanitaire** et ne peut être considéré par aucun État comme un

---

[1] Voir HUBERT THIERRY et Al, *Droit international Public*, Paris, Editions Montchrestien, pp. 423-287.
GORAN (M.) et NOBEL (P.), *op cit.*, pp. 91 et s.

acte de nature inamicale ». Son article 4 consacre le principe du traitement non discriminatoire.

III.2.3- La convention pour la répression du crime de génocide

Adoptée à l'Assemblée générale de l'ONU du 9 décembre 1948, cette convention constitue une autre convention humanitaire majeure[1]. Elle établit un pont avec le droit international des droits de l'Homme.

Elle a introduit dans le droit pénal international la notion de génocide, c'est-à-dire l'ensemble des actes criminels, commis en temps de guerre ou de paix, dans l'intension de détruire en tout ou en partie un groupe national, ethnique, racial ou religieux.

Elle précise les divers auteurs du crime de génocide, gouvernants ou gouvernés.

IV- LE DROIT PENAL HUMANITAIRE : ORIGINE ET INFRACTIONS

L'originalité du droit international humanitaire moderne est qu'il établit clairement des infractions. Le principe *sine crimen sine lege* a finalement été établi après de nombreux tâtonnements.

IV.1- L'ORIGINE DU DROIT PENAL HUMANITAIRE : de Versailles à Nuremberg (1919-1945)

IV.1.1- Le traité de Versailles, traité fondateur du droit pénal humanitaire

Le traité de Versailles proclamait l'agression de l'Allemagne et de ses alliés. Il organisait un système de sanctions (partie VIII) qui visaient l'ex-Kaiser Guillaume II et les autres « coupables de guerre ».

L'article 227 du traité déclarait que les puissances alliées « mettent en accusation publique » Guillaume II de Hohenzollern, ex-empereur d'Allemagne. Il lui était reproché le crime d'« offense suprême contre la morale internationale et l'autorité sacrée des Traités ».

L'ex-Empereur ne fut pas extradé de la Hollande et la procédure fut enterrée.

Les articles 228 à 230 du traité de Versailles reconnaissaient aux États alliés le droit de faire juger par leurs tribunaux militaires, les personnes accusées d'avoir commis des « **actes contraires aux lois de la guerre** ».

---

[1] Voir MANIN (A.) et COLLIARD (C.), *Traités et documents diplomatiques*, tome 1, p. 193.

En fin de compte, les intéressés furent déférés à la cour de Leipzig sans grand résultat[1]. Ce fut un échec.

IV.1.2- L'esquisse de la naissance d'un droit pénal humanitaire authentique

La création des tribunaux d'États vainqueurs va esquisser la naissance d'un authentique droit pénal humanitaire.

Une commission des crimes de guerre des Nations Unies avait été créée en 1942.

La déclaration de Moscou du 1er novembre 1943 posait le principe de la répression judiciaire des crimes de guerre.

La déclaration de capitulation du 5 juin 1945 par l'Allemagne lui ordonnait de livrer aux alliés les principaux chefs nazis et les personnes suspectées d'avoir commis les crimes de guerre ou d'en être complices.

Tout cela allait aboutir le 8 août 1945 à Londres au statut du tribunal militaire international ou aux accords concernant la poursuite et le châtiment des grands criminels de guerre des puissances européennes de l'Axe.

Ce tribunal siégeant à Nuremberg sera dit tribunal international de Nuremberg.

Le « droit de Nuremberg » fonde véritablement le droit pénal humanitaire tant en ce qui concerne les principes que les crimes :

a. Les principes

Les principes rattachés au droit de Nuremberg sont au nombre de six[2] (06), notamment :

- le principe I ou principe de la responsabilité pénale individuelle ;
- le principe II relatif à la primauté de l'incrimination internationale par rapport au droit interne ;
- le principe III qui traite du respect de l'exception fondée sur la position officielle de l'accusé ;
- le principe IV en rapport avec le respect de la justification fondée sur l'ordre reçu d'un supérieur ;
- principe V qui accorde le droit à un procès équitable ;
- principe VI dit principe d'incrimination internationale des violations du recours à la force, des lois et coutumes de la guerre ainsi que des droits élémentaires de la personne humaine.

---

[1] CAVARE (L.), *Le droit international public positif*, Paris, tome II, Pedone, 1969, pp. 483-486.
[2] Voir BELANGER (M.), *Droit international humanitaire général*, *op cit.*, p 130.

b. Les infractions

Trois catégories d'infractions de crimes sont retenues par le statut de 1945 :

i) Les crimes contre la paix qui comprend la direction, la préparation, le déclenchement ou la poursuite d'une guerre d'agression, d'une guerre en violation des accords internationaux, la participation à un plan concerté ou à un complot pour l'accomplissement de ces actes ;

ii) Les crimes de guerre consistant dans la violation des lois et coutumes de guerre ;

iii) Les crimes contre l'humanité comprenant l'assassinat, l'extermination, la réduction en esclavage, la déportation et tout autre acte inhumain commis contre les populations civiles avant ou après la guerre, les persécutions pour des motifs politiques, raciaux ou religieux, commises à la suite de tout crime se rattachant à la compétence du tribunal.

Le tribunal de Nuremberg eut à juger d'une part des personnes physiques (16 civils, 5 militaires dont l'amiral Doenitz) et des personnes morales (gouvernement du Reich, les 55, la Gestapo, etc.).

Un débat intéressant a été soulevé en ce qui concerne l'application du principe *nullum crimen sine lege*[1].

L'application de ces règles et principes émanant du droit pénal humanitaire n'a pas été le seul fait du tribunal de Nuremberg. En effet, deux autres tribunaux ont également siégé et appliqué les mêmes règles. Ce sont :

- le tribunal de Tokyo (19 janvier 1946) établi pour le juste et prompt châtiment des criminels d'Extrême-Orient suite à la proclamation spéciale du général Mac Arthur ;

- le tribunal de Khabarovsk (25-30 décembre 1949) chargé de juger douze médecins japonais de l'unité secrète, unité 731.

IV.2- L'ECLOSION DU DROIT PENAL HUMANITAIRE : LE « DROIT DE NEW YORK »

Le « droit de New York » développé à la suite du tribunal de Nuremberg et dans le cadre de l'Organisation des nations unies va conforter l'existence d'un véritable droit humanitaire moderne.

Il y a d'abord la création de deux grands tribunaux spéciaux non permanents :

---

[1] Voir CAVARE (L.), *Le droit international public positif*, op cit.. Pédone ; arguments à faire valoir : conventions de Genève, lois et coutumes de la guerre, codes nationaux, résolution de l'assemblée de la SDN de 1927 sur l'agression, protocole de Genève 1924, Pacte Briand-Kellogg…

- le Tribunal Pénal International pour l'ex-Yougoslavie (TPIY), créé à la faveur de la résolution 808-1993 du Conseil de Sécurité ;

- et le Tribunal Pénal International pour le Rwanda (TPIR) qui voit le jour à la suite de la résolution 955-1994 du Conseil de sécurité.

Il y a ensuite la création de la Cour pénale internationale émanant du statut de Rome du 17 juillet 1998.

Le mérite de ces trois textes réside dans la clarté des définitions des crimes humanitaires passibles de sanctions judiciaires internationales.

Il peut être retenu à cet effet quatre cas de crimes « les plus graves qui touchent l'ensemble de la Communauté internationale »

A cet effet, l'article 5 du statut de la Cour pénale internationale déclare :

« La compétence de la Cour est limitée aux crimes les plus graves qui touchent l'ensemble de la communauté internationale. En vertu du présent statut, la cour a compétence à l'égard des crimes suivants :

a) le crime de génocide ;

b) les crimes contre l'humanité ;

c) les crimes de guerre ;

d) le crime d'agression »[1].

IV.2.1- Crime international de génocide

Selon les divers statuts, le crime international de génocide relève des cas de compétence du TPIR (article 2), du TPIY (article 4) et de la Cour pénale internationale (articles 5 et 8).

Une définition complète de cet acte est donnée par les divers textes :

« On entend par crime de génocide l'un des actes ci-après commis dans l'intention de détruire, en tout ou en partie, un groupe national, racial ou religieux, comme :

a) Meurtre de membres du groupe ;

b) Atteinte grave à l'intégrité physique ou mentale de membres du groupe ;

c) Soumission intentionnelle du groupe à des conditions d'existence devant entraîner sa destruction physique totale ou partielle ;

d) Mesures visant à entraver les naissances au sein du groupe ;

e) Transfert forcé d'enfants du groupe à un autre groupe ».

---

[1] Voir HAROUEL (V.), *Grands textes du droit humanitaire* (Préf.), Que sais-je, 2001, p. 121.

Cette définition s'est enrichie des constats de la pratique des dernières crises humanitaires c'est-à-dire que les statuts des tribunaux pénaux pour l'ex-Yougoslavie et pour le Rwanda entendent punir également l'entente en vue de commettre le génocide, l'incitation directe et publique à le commettre, la tentative et la complicité de génocide (article 4 alinéa 3 statut du TPIY et article 2 alinéa 3 du statut du TPIR).

IV.2.2- Les crimes contre l'humanité

Les crimes contre l'humanité constituent la deuxième catégorie d'infractions.

Le statut du Tribunal Pénal International pour l'ex-Yougoslavie déclare qu'ils sont punis lorsqu'ils sont commis au « cours d'un conflit **armé, à caractère international ou interne** et dirigés contre la population civile quelle qu'elle soit » (article 5 du statut).

Le statut du TPIR ne semble retenir que le cadre d'une attaque généralisée et systématique dirigée contre la population civile en raison de son appartenance nationale, politique ethnique, raciale ou religieuse…

Les crimes contre l'humanité comportent les actes suivants :

a) Meurtre;

b) Extermination ;

c) Réduction en esclavage ;

d) Déportation ou transfert forcé de population ;

e) Emprisonnement ou autre forme de privation grave de liberté physique en violation des dispositions fondamentales du droit international ;

f) Torture ;

g) Viol, esclavage sexuel, prostitution forcée, grossesse forcée, stérilisation forcée et toute autre forme de violence sexuelle de gravité comparable ;

h) Persécution de tout groupe ou de toute collectivité identifiable pour des motifs d'ordre politique, racial, national, ethnique, culturel, religieux ou sexiste au sus du paragraphe 3 ; ou en fonction d'autres critères universellement reconnus comme inadmissibles en droit international, en corrélation avec tout acte visé dans le présent paragraphe ou tout crime relevant de la compétence de la Cour ;

i) Disparitions forcées ;

j) Apartheid ;

k) Autres actes inhumains de caractère analogue causant intentionnellement de grandes souffrances ou des atteintes graves à l'intégrité physique ou à la santé physique ou mentale[1].

IV.2.3- Les crimes de guerre

L'article 8 du statut de Rome sur la CPI énumère largement les crimes dits de guerre. Ceux-ci sont constitués d'infractions graves conformément aux conventions de Genève du 12 août 1949 ; des violations graves des lois et coutumes applicables aux conflits armés internationaux selon l'article 3 commun aux conventions de Genève du 12 août 1949 ; des violations graves des lois et coutumes applicables aux conflits armés ne présentant pas un caractère international dans le cadre établi par le droit international.

A l'égard de cette caractérisation, de multiples actes peuvent alors être énumérés.

a. Les actes de violation grave des conventions de Genève

On range dans cette catégorie, les actes qui visent des personnes ou des biens protégés par lesdites conventions. Peuvent alors être évoqués :

i) L'homicide intentionnel ;

ii) La torture ou les traitements inhumains, y compris les expériences biologiques ;

iii) Le fait de causer intentionnellement de grandes souffrances ou de porter gravement atteinte à l'intégrité physique ou à la santé ;

iv) La destruction et l'appropriation de biens, non justifiées par des nécessités militaires et exécutées sur une grande échelle de façon illicite et arbitraire ;

v) le fait de contraindre un prisonnier de guerre ou une personne protégée à servir dans les forces d'une puissance ennemie ;

vi) Le fait de priver intentionnellement un prisonnier de guerre ou toute autre personne protégée de son droit d'être jugé régulièrement et impartialement ;

vii) Les déportations ou transferts illégaux ou les détentions illégales ;

viii) Les prises d'otages.

En cas de conflit armé ne présentant pas un caractère international, l'article 3 commun aux quatre conventions de Genève du 12 août 1949 identifie les actes ci-après commis à l'encontre des personnes qui ne participent pas directement aux hostilités, y compris les membres de forces armées qui ont déposé les armes

---

[1] (Article 7 du statut de Rome du 17 juillet 1998).

et les personnes qui ont été mises hors de combat par maladie, blessure, détention ou par toute autre cause comme des violations graves auxdites conventions :

i) Les atteintes à la vie et à l'intégrité corporelle, notamment le meurtre sous toutes ses formes, les mutilations, les traitements cruels et la torture ;

ii) Les atteintes à la dignité de la personne, notamment les traitements humiliants et dégradants ;

iii) Les prises d'otages ;

iv) Les condamnations prononcées et les exécutions effectuées sans un jugement préalable, rendu par un tribunal régulièrement constitué, assorti des garanties judiciaires généralement reconnues comme indispensables ;

L'alinéa c) du paragraphe 2 s'applique aux conflits armés ne présentant pas un caractère international et ne s'applique donc pas aux situations de troubles ou tensions internes telles que les émeutes, les actes de violence sporadiques ou isolés et les actes de nature similaire.

b. Les autres violations graves des lois et coutumes applicables aux conflits armés internationaux

Dans le cadre établi du droit international, ces violations englobent les actes ci-après :

i) Le fait de lancer des attaques délibérées contre la population civile en général ou contre des civils qui ne prennent pas directement part aux hostilités ;

ii) Le fait de lancer des attaques délibérées contre des biens civils qui ne sont pas des objectifs militaires ;

iii) Le fait de lancer des attaques délibérées contre le personnel, les installations, le matériel, les unités ou les véhicules employés dans le cadre d'une mission d'aide humanitaire ou de maintien de la paix conformément à la Charte des Nations Unies, pour autant qu'ils aient droit à la protection que le droit international des conflits garantit au civils et aux biens de caractère civil ;

iv) Le fait de lancer une attaque délibérée en sachant qu'elle causera incidemment des pertes en vies humaines et des blessures parmi la population civile, des dommages aux biens de caractère civil ou des dommages étendus, durables et graves à l'environnement naturel qui seraient manifestement excessifs par rapport à l'ensemble de l'avantage militaire concret et direct attendu ;

v) Le fait d'attaquer ou de bombarder, par quelque moyen que ce soit, des villages, habitations ou bâtiments qui ne sont pas défendus et qui ne sont pas des objectifs militaires ;

vi) Le fait de tuer ou de blesser un combattant qui, ayant déposé les armes ou n'ayant plus de moyens de se défendre, s'est rendu à discrétion ;

vii) Le fait d'utiliser le pavillon parlementaire, le drapeau ou les insignes militaires et l'uniforme de l'ennemi ou de l'Organisation des nations unies, ainsi que les signes distinctifs prévus par les conventions de Genève et, ce faisant, de causer la perte de vies humaines ou des blessures graves ;

viii) Le transfert, direct ou indirect, par une puissance occupant d'une partie de sa population civile, dans le territoire qu'elle occupe, ou la déportation ou le transfert à l'intérieur ou hors du territoire occupé de la totalité ou d'une partie de la population de ce territoire ;

ix) Le fait de lancer des attaques délibérées contre des bâtiments consacrés à la religion, à l'enseignement, à l'art, à la science ou à l'action caritative, des monuments historiques, des hôpitaux et des lieux où des malades ou des blessés sont rassemblés, pour autant que ces bâtiments ne soient pas alors utilisés à des fins militaires ;

x) Le fait de soumettre des personnes d'une partie adverse tombée en son pouvoir à des mutilations ou à des expériences médicales ou scientifiques, quelles qu'elles soient, qui ne sont ni motivés par un traitement médical ni effectuées dans l'intérêt de ces personnes, et qui entraînent la mort de celles-ci ou mettent sérieusement en danger leur santé ;

xi) Le fait de tuer ou de blesser par traîtrise des individus appartenant à la nation ou à l'armée ennemie ;

xii) Le fait de déclarer qu'il ne sera pas fait de quartier ;

xiii) Le fait de détruire ou de saisir les biens de l'ennemi, sauf dans les cas où ces destructions ou saisies seraient impérieusement commandées par les nécessités de la guerre ;

xiv) Le fait de déclarer éteints, suspendus ou non recevables en justice les droits et actions des nationaux de la partie adverse ;

xv) Le fait pour un belligérant de contraindre les nationaux de la partie adverse à prendre part aux opérations de guerre dirigées contre leur pays, même s'ils étaient au service de ce belligérant avant le commencement de la guerre ;

xvi) Le pillage d'une ville ou d'une localité, même prise d'assaut ;

xvii) Le fait d'utiliser du poison ou des armes empoisonnées ;

xviii) Le fait d'utiliser des gaz asphyxiants, toxiques ou assimilés et tous liquides, matières ou engins analogues ;

xix) Le fait d'utiliser des balles qui se dilatent ou s'aplatissent facilement dans le corps humain, telles que des balles dont l'enveloppe dure ne recouvre pas entièrement le centre ou est percée d'entailles ;

xx) Le fait d'employer les armes, projectiles, matériels et méthodes de combat de nature à causer des maux superflus ou des souffrances inutiles ou à agir sans discrimination en violation du droit international des conflits armés, à condition que ces moyens fassent l'objet d'une interdiction générale et qu'ils soient inscrits dans une annexe du présent statut, par voie d'amendement adopté selon les dispositions des articles 121 et 123 ;

xxi) Les atteintes à la dignité de la personne, notamment les traitements humiliants et dégradants ;

xxii) Le viol, l'esclavage sexuel, la prostitution forcée, la grossesse forcée, la stérilisation forcée ou toute autre forme de violence sexuelle constituant une infraction grave aux conventions de Genève ;

xxiii) Le fait d'utiliser la présence d'un civil ou d'une autre personne protégée pour éviter que certains points, zones ou forces militaires ne soient la cible d'opérations militaires ;

xxiv) Le fait de lancer des attaques délibérés contre les bâtiments, le matériel, les unités et les moyens de transport sanitaires, et le personnel utilisant, conformément au droit international, les signes distinctifs prévus par les conventions de Genève ;

xxv) Le fait d'affamer délibérément des civils, comme méthode de guerre, en les privant des biens indispensables à leur survie, notamment en empêchant intentionnellement l'arrivée des secours prévus par les conventions de Genève ;

xxvi) Le fait de procéder à la conscription ou à l'enrôlement d'enfants de moins de 15 ans dans les forces armées nationales ou de les faire participer activement à des hostilités.

c. Les autres violations graves des lois et coutumes applicables aux conflits armés ne présentant pas un caractère international

Dans le cadre établi du droit international humanitaire, les actes ci-après peuvent être considérés comme des violations graves des lois et coutumes applicables aux conflits armés ne présentant pas un caractère international :

i) Le fait de lancer des attaques délibérées contre la population civile en général ou contre des civils qui ne prennent pas directement part aux hostilités ;

ii) le fait de lancer des attaques délibérées contre les bâtiments, le matériel, les unités, les moyens de transport sanitaires et le personnel utilisant, conformément au droit international, les signes distinctifs prévus par les conventions de Genève ;

iii) Le fait de lancer des attaques délibérées contre le personnel, les installations, le matériel, les unités ou les véhicules employés dans le cadre d'une mission d'aide humanitaire ou de maintien de la paix conformément à la Charte des Nations Unies, pour autant qu'ils aient droit à la protection que le droit des conflits armés garantit aux civils et aux biens à caractère civil ;

iv) Le fait de lancer des attaques délibérées contre des bâtiments consacrés à la religion, à l'enseignement, à l'art, à la science ou à l'action caritative, des monuments historiques, des hôpitaux et des lieux où des malades et des blessés sont rassemblés, pour autant que ces bâtiments ne soient pas alors utilisés à des fins militaires ;

v) Le pillage d'une ville ou d'une localité, même prise d'assaut ;

vi) Le viol, l'esclavage sexuel, la prostitution forcée, la grossesse forcée, telle que définie à l'article 7, paragraphe 2, alinéa f, la stérilisation forcée, ou toute autre forme de violence sexuelle constituant une infraction grave aux conventions de Genève ;

vii) Le fait de procéder à la conscription ou à l'enrôlement d'enfants de moins de 15 ans dans les forces armées ou de les faire participer activement à des hostilités ;

viii) Le fait d'ordonner le déplacement de la population civile pour des raisons ayant trait au conflit, sauf dans les cas où la sécurité des civils ou des impératifs militaires l'exige;

ix) Le fait de tuer ou de blesser par traîtrise un adversaire combattant ;

x) Le fait de déclarer qu'il ne sera pas fait de quartier ;

xi) Le fait de soumettre des personnes d'une autre partie au conflit tombées en son pouvoir à des mutilations ou à des expériences médicales ou scientifiques quelles qu'elles soient qui ne sont ni motivées par un traitement médical, ni effectuées dans l'intérêt de ces personnes, et qui entraînent la mort de celles-ci ou mettent sérieusement en danger leur santé ;

xii) Le fait de détruire ou de saisir les biens d'un adversaire, sauf si ces destructions ou saisies sont impérieusement commandées par les nécessités du conflit.

Il convient de noter que ces infractions ne sont pas retenues dans le cas des conflits ne présentant pas un caractère international et aux situations de tensions internes ou troubles intérieurs comme les émeutes, les actes isolés et sporadiques de violence.

Toutefois, ces infractions peuvent être retenues pour les conflits armés qui opposent de manière prolongée sur le territoire d'un État, les autorités du gouvernement de cet État et des groupes armés organisés ou des groupes armés organisés en eux.

Tout ceci ne peut en aucun cas affecter la responsabilité d'un gouvernement de maintenir ou de rétablir l'ordre public dans l'État ou de défendre l'unité et l'intégrité territoriales de l'État par tous les moyens légitimes.

IV.2.4- Le crime international d'agression

1. « La cour exercera sa compétence à l'égard du crime d'agression quand une disposition aura été adoptée conformément aux articles 121 et 123, qui définira ce crime et fixera les conditions de l'exercice de la compétence de la cour à son égard. Cette disposition devra être compatible avec les dispositions pertinentes de la Charte des Nations Unies » (article 8 du statut de la cour…).

2. Il conviendrait de remarquer que la définition de l'agression et sa répression restent un problème complexe du droit international contemporain.

Un progrès dans ce domaine permettra à coup sûr de sortir de la justice des vainqueurs et de celle des grandes puissances[1].

Dans cette matière, la compétence de la Cour pénale internationale (CPI) demeure donc réservée et suspendue aux nouveaux développements du droit international public en général.

Les éléments constitutifs des diverses infractions précitées sont arrêtés et constatés à la majorité des deux tiers des membres de l'assemblée des États parties au statut de Rome.

3. Il est heureux de noter que les principes généraux du droit pénal sont ici retenus :

- *nullum crimen sine lege* qui veut qu'une personne ne soit pénalement responsable qu'en vertu du présent statut et si son comportement constitue, au moment des faits un crime relevant de la compétence de la cour ;

- *nulla poena sine lege* qui veut qu'une personne ne peut être condamnée par la cour qu'en vertu du présent statut de la cour pénale internationale ;

- *non retroactivité ratione personae* qui veut que nul ne soit pénalement responsable qu'en vertu d'un comportement postérieur à l'entrée en vigueur du présent statut.

---

[1] Voir Résolution de l'Assemblée de la SDN de 1927, déclaration de l'Assemblée générale des Nations Unies de 1974.
J. ZOUREK (J.), « Enfin une définition de l'agression », AFDI, CNRS, pp. 10-30.

D'autres principes du droit de Nuremberg sont également applicables, comme celui de la responsabilité pénale individuelle de la personne qui commet un crime individuellement ou conjointement avec d'autres personnes.

4. Un chef militaire ou une personne faisant effectivement fonction de chef militaire est pénalement responsable des crimes relevant de la Cour et, commis par des forces placées sous son commandement et son contrôle effectif. Il est de même responsable s'il n'a pas exercé le contrôle qui convenait sur ces forces et s'il n'a pas pris toutes les mesures nécessaires convenables.

5. Les crimes relevant de la compétence de la cour sont imprescriptibles...

V- LES AUTRES SOURCES : LA COUTUME INTERNATIONALE ET LES LOIS NATIONALES

Michel Bélanger cite les sources coutumières comme ayant une place essentielle en droit international humanitaire[1]. Cette place est attestée par la doctrine, réaffirmée par la jurisprudence internationale et développée dans les conventions.

V.1- LA COUTUME INTERNATIONALE DANS LA DOCTRINE DU DROIT INTERNATIONAL HUMANITAIRE

Plusieurs auteurs l'affirment, les sources coutumières s'inscrivent en bonne place dans la pratique et le développement du droit humanitaire.

Michel Bélanger considère les sources coutumières comme primordiales pour le droit humanitaire international.

Jean-Marie Henckaerts et Louise Doswald-Beck ont recensé et identifié 161 règles de droit international humanitaire coutumier. Celles-ci combleraient les « lacunes » d'un certain nombre d'instruments internationaux[2].

Michel-Cyr Djena Wembou[3] a identifié et dénombré **plus de six mille** proverbes venant de 69 langues d'Afrique australe, orientale, centrale et de l'ouest. Ces proverbes avaient un rôle juridique et sont la source du droit humanitaire africain.

Il en a déduit des principes humanitaires tels : le respect de la vie, le droit de la guerre, le principe de protection.

---

[1] BELANGER (M.), *op cit*, pp. 66-67.

[2] Custumary international humanitarian Law Cambridge – Cambridge University press, 2 volumes 2005.

[3] MICHEL-CYR DJEUNA WEMBOU et DAOUDA FALL, *Droit international humanitaire, Théorie générale et réalités africaines logiques juridiques*, L'Harmattan, pp. 169-188.

Ses affirmations vont dans le même sens que celles de Yolande Diallo et d'Emmanuel Bello[1].

Ces droits traditionnels restent en vigueur dans certains groupes ethniques africains. **Ils ont valeur de droit coutumier interne**.

V.2- LA CONFIRMATION DES SOURCES COUTUMIERES PAR LA JURISPRUDENCE

Plusieurs affaires jugées par la Cour internationale de justice de La Haye permettent d'attester sans ambages la valeur obligatoire des coutumes humanitaires quand elles sont jugées au fond.

V.2.1- Affaire des activités militaires et paramilitaires au Nicaragua et contre celui-ci

L'arrêt du 27 juin 1986 consacre par sa jurisprudence des principes de relations pacifiques entre les États[2] : principe de non emploi de la force, principe de non-intervention, principe de respect de la souveraineté politique et territoriale…

Le Nicaragua avait accusé les États-Unis qui soutenaient les contrats nicaraguayens de violer leurs obligations en vertu du Droit international général coutumier.

> *« …que les États-Unis, en violation de leurs obligations en vertu du droit international général et coutumier, ont tué, blessé, enlevé et, tuent, blessent et enlèvent des citoyens du Nicaragua… ».*

Le Nicaragua avait soumis à la cour deux publications, œuvres de la CIA remises aux *contras operationes sicologicas en guerra de guerillas* (opérations psychologiques dans la lutte de guérilla et un manuel du combattant de la liberté, initiant aux techniques de sabotage).

Le Nicaragua s'était par ailleurs plaint de ce que le 25 juillet 1984 deux bateaux du Nicaragua avaient heurté des mines dans le port d'El mouillées sans notification préalable. Ce plan de minage ayant été approuvé par le président Reagan.

Dans un premier temps, la Cour, a à bon droit estimé que :

---

[1] (Y.) DIALLO (Y.), « Droit humanitaire et droit traditionnel africain », RICR 58e année, février 1976, pp. 69-75, pp. 451-466.
Pr. Bello (Emmanuel), *African Custumary Law international Committee of the Red Cross.* Oyez publishing limited, Geneva, 1978, 154 pages.

[2] Voir LANG (Caroline), *L'affaire Nicaragua/Etats-Unis devant la cour internationale de justice,* Paris, LGDJ, Bibliothèque de droit international, tome 100, 1990.

« L'article 3 commun aux quatre conventions de Genève du 12 août 1949 énonce certaines règles devant être appliquées dans les conflits armés ne présentant pas un caractère international. Il ne fait pas de doute que ces règles constituent aussi, en cas de conflits internationaux, un minimum indépendamment de celles, plus élaborées, qui viennent s'y ajouter pour de tels conflits ».

La publication et la remise aux contrats du manuel intitulé « Opérations psychologiques...» constituent une violation des obligations du droit international humanitaire coutumier ou plus précisément « des considérations élémentaires d'humanité ».

La Cour internationale de justice a explicitement souligné ce fait : « la publication et la diffusion d'un manuel donnant en fait les conseils susmentionnés doivent être considérées comme un encouragement qui avait des chances d'être suivi d'effet, à commettre des actes contraires aux principes généraux du droit humanitaire international repris par les traités »[1].

Il serait de simple rappel de savoir que cet article 3 commun déclare :

« A cet effet, sont et demeurent prohibées en tout temps et en tout lieu, à l'égard des personnes mentionnées ci-dessus :

a) Les atteintes portées à la vie et à l'intégrité corporelle, notamment le meurtre sous toutes ses formes, les mutilations, les traitements cruels, tortures et supplices ;

b) Les prises d'otages ;

c) Les atteintes à la dignité des personnes, notamment les traitements humiliants et dégradants ;

d) Les condamnations prononcées et les exécutions effectuées sans un jugement préalable, rendu par un tribunal régulièrement constitué, assorti de garanties judiciaires reconnues comme indispensables par les peuples civilisés, il s'agit de règles qui, de l'avis de la cour, correspondent à ce qu'elle a appelé en 1949 des « considérations élémentaires d'humanité » (Affaire du détroit de Corfou fond CIJ, Recueil, 1949, p. 22).

Elle poursuit : la Cour considère que les États-Unis ont l'obligation, selon les termes de l'article premier des quatre conventions de Genève, de « respecter » et même de « faire respecter » ces conventions « en toute circonstances » car une telle obligation ne découle pas seulement des conventions elles-mêmes, mais des principes généraux du droit humanitaire dont les conventions ne sont que l'expression. En particulier, les États-Unis ont l'obligation de ne pas encourager

---

[1] Voir CIJ, *Recueil des arrêts, avis consultatifs et ordonnances affaire des activités militaires et paramilitaires au Nicaragua et contre celui-ci fond arrêt du 27 juin 1980*, p. 30.

des personnes ou des groupes prenant part aux conflits au Nicaragua à agir en violation des dispositions comme celles de l'article 3 commun aux quatre conventions de 1949[1].

La Cour, **dans un deuxième temps**, a également relevé que les États-Unis n'ont pas émis d'avertissement, ni notifié la présence des mines mouillées dans les ports du Nicaragua ou à leurs abords : « De même, elle souligne : pourtant, même pour le temps de guerre, la convention n° VIII du 18 octobre 1907 de la Haye relative à la pose de mines sous marines de contact stipule que toutes les précautions doivent être prises pour la sécurité de la navigation pacifique et que les belligérants sont tenus de signaler les régions dangereuses aussitôt que les exigences militaires le permettront par un avis à la navigation qui devra être aussi communiqué aux gouvernements par la voie diplomatique »[2] (article 3).

V.2.2- Les autres affaires de la CIJ

Les autres affaires paraissent comme des occasions perdues pour avoir un réel débat sur plusieurs dispositions humanitaires conventionnelles ou coutumières.

a. L'affaire des activités armées perpétuées par le Burundi sur le territoire de la République Démocratique du Congo

« L'affaire des activités armées sur le territoire du Congo » a donné lieu à une ordonnance de la cour internationale de justice (CIJ du 21 octobre 1999, Recueil, 1999, pp. 1018-1020).

Dans celle-ci, la République Démocratique du Congo avait introduit une instance contre la République du Burundi au sujet d'un différend relatif à « des **actes d'agression armée perpétués par le Burundi** » sur le territoire de la République démocratique du Congo en violation flagrante de la Charte des Nations Unies et de la Charte de l'Organisation de l'unité africaine.

La République démocratique du Congo, outre sa déclaration du 8 février 1989 sur le paragraphe 2 de l'article 36 du statut de la Cour, invoquait pour la compétence de celle-ci, plusieurs textes conventionnels humanitaires tels le paragraphe 1 de l'article 30 de la convention contre la torture et autres peines et traitements civils, inhumains ou dégradants adoptés par l'Assemblée générale des Nations Unies le 10 décembre 1984, ainsi que le paragraphe 1 de l'article 14 de la convention pour la répression d'actes illicites dirigés contre la sécurité de l'aviation civile de Montréal du 23 septembre 1971.

---

[1] Voir CIJ, Recueil des arrêts.

[2] Recueil 1986 des arrêts, avis consultatifs et ordonnances, affaire des activités militaires au Nicaragua, arrêt du 27 juin 1986, paragraphe 215, p. 112.

L'agent du Burundi a indiqué que son gouvernement n'acceptait pas la proposition de la République démocratique du Congo.

Faute de consentements mutuels des deux parties, la « Cour a réservé la suite de la procédure ».

L'occasion a été ainsi perdue d'examiner au fond les actes d'agression et de ce fait les fondements humanitaires conventionnels ou coutumiers des obligations humanitaires de la République du Burundi[1].

b. L'affaire de la licéité de l'emploi de la force Serbie et Monténégro contre Allemagne, Canada et Royaume-Uni

Une autre série d'affaires rentre dans la catégorie des occasions perdues (CIJ affaire relative à la licéité de l'emploi de la force Serbie et Monténégro c/ Canada, arrêt du 15 décembre 2004, Serbie et Monténégro c/ Allemagne, Serbie et Monténégro c/ Royaume-Uni).

Les requêtes du gouvernement de Serbie et du Monténégro contre ces trois gouvernements exposaient des griefs de nature à susciter de véritables débats de fond sur la valeur des obligations humanitaires conventionnelles ou coutumières du Canada, de l'Allemagne ou du Royaume-Uni :

« Le gouvernement de la République fédérale de Yougoslavie demande :

- qu'en attaquant des cibles civiles et en infligeant des dommages, des préjudices et des pertes à des civils et à des biens de caractère civil, le défendeur a agi contre la République fédérale de Yougoslavie en violation de son obligation d'épargner la population civile, les civils et les biens de caractère civil ;

- qu'en détruisant ou endommageant des monastères, des édifices culturels, le défendeur a agi en violation de son obligation de ne pas commettre d'actes hostiles dirigés contre des monuments historiques, des œuvres d'art ou des lieux de culte constituant le patrimoine culturel ou spirituel d'un peuple ;

- qu'en utilisant des bombes en grappe, le défendeur a agi en violation de son obligation de ne pas utiliser des armes de nature à causer des maux superflus ;

- qu'en bombardant des raffineries de pétrole et des usines chimiques, le défendeur a agi contre la République fédérale de Yougoslavie en violation de son obligation de ne pas causer de dommages substantiels à l'environnement ;

- qu'en utilisant des armes contenant de l'uranium appauvri, le défendeur a agi en violation de son obligation de ne pas utiliser des armes interdites et de ne pas causer des dommages de grande ampleur à la santé et à l'environnement ;

[1] CIJ, Recueil n° 762, Activités armées sur le territoire du Congo, pp.1018-1020, Ordonnance.

- qu'en tuant les civils ainsi qu'en détruisant des moyens de communication, le défendeur a agi en violation de son obligation de respecter le droit à la vie, le droit au travail, le droit à l'information, le droit aux soins de santé ainsi que d'autres droits fondamentaux de la personne humaine… ».

La République fédérale de Yougoslavie invoquait par ailleurs des actes susceptibles de constituer un génocide :

« en prenant part aux activités énumérées ci-dessus et en particulier en causant d'énormes dommages à l'environnement et en utilisant de l'uranium appauvri, le défendeur a agi en violation de son obligation de ne pas soumettre intentionnellement un groupe national à des conditions d'existence devant entraîner sa destruction physique totale ou partielle… ;

- qu'en s'abstenant d'empêcher les meurtres, les coups et blessures ou l'épuration ethnique dont furent victimes les Serbes et d'autres groupes non albanais au Kosovo Metobija, le défendeur a agi en violation de son obligation de ne pas soumettre intentionnellement un groupe national à des conditions d'existence devant entraîner sa destruction physique totale ou partielle … ainsi que d'empêcher le génocide et les autres actes énumérés à l'article III de la convention sur le génocide … »[1].

Dans ces affaires, la Cour internationale de justice, sans aller au fond a estimé qu'elle n'a pas compétence pour connaître des demandes formulées par la Serbie et le Monténégro.

En ce qui concerne les États-Unis, la Cour n'a pas contesté le fait que la Yougoslavie et les États-Unis étaient parties à la convention sur le génocide. Elle a tout simplement estimé que ladite convention avait fait l'objet d'une réserve de la part des États-Unis. L'article 9 invoqué ne pouvant constituer une base de compétence.

Elle bottait donc en touche un débat de fond sur la valeur non seulement conventionnelle mais aussi coutumière des obligations humanitaires.

Elle a pourtant estimé que les « parties qui se présentent devant elles doivent agir conformément à leurs obligations en vertu de la Charte des Nations Unies et des **autres règles du droit international** y compris du droit humanitaire »[2].

Les opinions dissidentes des juges Koroma et Kreca expriment à juste titre la déception devant les occasions ratées de la CIJ d'entrer dans la bataille du caractère obligatoire du droit international humanitaire.

---

[1] Voir CIJ, Recueil des arrêts… 2004, Arrêt du 15 décembre 2004, Serbie et Monténégro c Royaume-Uni, pp.1315-1317.

[2] Voir CIJ, Affaire relative à la licéité de l'emploi de la force Yougoslavie c. Etats-Unis d'Amérique (mesures conservatoires, ordonnance du 2 juin 1999, p 131 , Recueil 2004 (Résumés).

Le juge Koroma appelle les parties « à ne pas aggraver, ni étendre le différend et à respecter le droit international y compris le droit humanitaire et les droits de l'homme de tous les citoyens Yougoslaves ».

Et le juge Kreca regrette que la Cour n'ait pas accordé comme par le passé une grande importance à l'impératif humanitaire qui, ici, a pour objet le « sort d'une nation entière »[1]. Il estimait la réserve des États-Unis incompatible avec l'objet et le but de la convention sur le génocide plus précisément avec les articles II, III, IV qui appartiennent au *jus cogens* et sont des normes frappant de nullité absolue tout acte unilatéral, bilatéral au multilatéral…

V.2.3- Autres jurisprudences internationales

D'autres jurisprudences, d'autres juridictions internationales affirment le caractère obligatoire des normes humanitaires considérées comme coutumières.

1. L'affaire Tadic a été soumise au Tribunal pénal international pour l'ex-Yougoslavie (TPIY).

L'acte d'accusation établi par le procureur contre Dusko Tadic et un coaccusé Goran Bor comprenait un total de 132 chefs d'accusation portant sur des infractions aux conventions de Genève, des violations des lois ou coutumes de la guerre et des crimes contre l'humanité.

A titre individuel, Dusko Tadic était accusé de persécution, de traitements inhumain et cruel…

L'arrêt de la chambre d'appel conclut implicitement que les conventions de Genève font partie du droit international coutumier et que leur application en l'espèce ne contrevient pas au principe *nullum crimen sine lege*[2].

2. L'affaire Delacic est une autre occasion de réaffirmer le caractère coutumier des conventions de Genève[3] qui coexisterait avec les conventions proprement dites.

Le TPIY a ainsi appliqué dans le cas d'espèce « les lois ou coutumes de la guerre visées à l'article 3 de son statut et l'article 3 commun aux quatre (04) conventions de Genève du 12 août 1949 » qui sont des interdictions reconnues par le droit international coutumier « et qui peuvent être considérées comme étant du ressort du Tribunal international aux termes de l'article 3 ».

Il a ainsi établi à l'encontre de Delacic le délit de torture considéré comme interdit par le droit coutumier international[1].

---

[1] Voir Résumé des arrêts ordonnance du 2 juin 1999 mesures conservatoires, affaire relative à la licéité de l'emploi de la force, *op cit.*, p 134.
[2] GIOVANNI DISTEFANO et GIONATA (P.), *Bréviaire de la jurisprudence internationale BU*, Paris, Bruyant, 2006, pp.1361102.
[3] GIOVANNI (D.) et GIONATTA (P.), *op cit.*, pp. 1387-1388.

La confirmation de la jurisprudence internationale vient renforcer *l'opino juris*, élément fondamental de la coutume internationale dans l'analyse des pratiques humanitaires.

Coutume et conventions humanitaires se soutiennent comme sources du droit international humanitaire.

V.3- LE DEVELOPPEMENT CONVENTIONNEL DE LA COUTUME HUMANITAIRE

1. La référence et le renvoi « aux lois et coutumes de la guerre » antérieures aux conventions de Genève attestent de l'existence d'un droit coutumier international propre et antérieur.

Ainsi, l'article premier de la convention de La Haye du 8 octobre 1907 déclare solennellement que les « Puissances contractantes donneront à leurs forces armées de terre des instructions qui seront conformes au Règlement concernant les **lois et coutumes de la guerre** sur terre », annexé à la présente convention.

D'autres instruments internationaux font également référence : le Tribunal pénal international pour l'ex-Yougoslavie est compétent pour poursuivre les personnes qui commettent des violations des « **lois ou coutumes de guerre** » (article 3 du statut du TPIY).

2. Une autre référence émanant de l'article 1er du protocole additionnel n° I relatif à la protection des victimes des conflits armés est constante. Celle-ci est liée aux « **principes du droit des gens** » tels qu'ils résultent des usages établis, des principes d'humanité et des exigences de la conscience publique ». Par ailleurs, le protocole additionnel n° II dans son préambule place la personne humaine sous la sauvegarde des « principes de l'humanité et des exigences de la conscience publique ».

3. Martens, le représentant de la Russie à la conférence de la paix de 1899, résume l'obligation coutumière d'humanité dans la clause qui porte son nom. Cette obligation a été systématiquement reprise par les conventions humanitaires internationales : préambule de la convention n° II de La Haye de 1899, préambule de la Convention n° IV de La Haye de 1907, article 3 commun aux conventions de Genève 1949 et article 1er paragraphe 1 du protocole n° I de 1977.

Elle est donc d'une large application tant pour les conflits internationaux que pour les conflits non internationaux.

Elle impose un traitement humanitaire coutumier minimum :

---

[1] *Ibid.*

- « 1) Les personnes qui ne participent pas directement aux hostilités, y compris les membres des forces armées qui ont déposé les armes et les personnes qui ont été mises hors de combat par maladie, blessure, détention, ou pour toute autre cause, seront, en toutes circonstances, traités avec humanité, sans aucune distinction de caractère défavorable basée sur la race, la couleur, la religion ou la croyance, le sexe, la naissance ou la fortune, ou tout autre critère analogue.

A cet effet, sont et demeurent prohibées, en tout temps et en tout lieu, à l'égard des personnes mentionnées ci-dessus :

a) les atteintes portées à la vie et à l'intégrité corporelle, notamment le meurtre sous toutes ses formes, les mutilations, les traitements cruels, tortures et supplices ;

b) les prises d'otages ;

c) les atteintes à la dignité des personnes, notamment les traitements humiliants et dégradants ;

d) les condamnations prononcées et les exécutions effectuées sans un jugement préalable, rendu par un tribunal régulièrement constitué, assorti des garanties judiciaires reconnues comme indispensables par les peuples civilisés.

2) Les blessés et malades seront recueillis et soignés.

Un organisme humanitaire impartial, tel que le Comité international de la Croix-Rouge, pourra offrir ses services aux parties au conflit ».

Les parties en conflit peuvent également conclure des **accords spéciaux** pour l'application de ce **traitement humanitaire coutumier**.

La coutume constitue donc une source incontestable en droit international humanitaire.

La jurisprudence internationale y fait référence et la référence est constante aux « **lois et coutumes de la guerre** », aux principes généraux du droit des gens gouvernant les conflits, aux usages et convenances de la « conscience publique » et aux lois d'humanité.

La « clause Martens » a permis de rendre conventionnel cette obligation de traitement humanitaire coutumier minimum. Ce qui n'est pas sans influence en droit interne des États.

V.4- LE DROIT HUMANITAIRE INTERNE

Par quel mécanisme le droit humanitaire est introduit dans le droit interne des États ? Et quels cas d'incorporation examiner ?

V.4.1- Le mécanisme général de réception du droit humanitaire

1. Le mécanisme général de réception du droit international en droit interne des États africains est connu. Tout traité international ratifié et publié au journal officiel est directement incorporé dans le droit interne[1].

2. D'autres États appliquent le principe : "*international law is a part of the law of the land*[2]".

En conséquence, les conventions de droit international humanitaire peuvent donc être reçues et incorporées en droit interne. Il suffit qu'elles soient ratifiées et publiées.

Les publications du comité international de la Croix-Rouge font généralement l'état des ratifications[3] des conventions et des protocoles additionnels.

V.4.2- Les mesures nationales de mise en œuvre du droit international humanitaire

1. « Le Droit international humanitaire se doit d'être universel... Mais cette universalité n'est à elle seule pas suffisante pour garantir sa pleine application. En effet, de nombreuses dispositions contenues dans les conventions de Genève, de 1949 et leurs protocoles additionnels de 1977 nécessitent l'adoption préalable, au plan interne, des mesures nationales, législatives ou pratiques, indispensables pour en assurer le respect[4] ».

2. Une étude exhaustive permet d'identifier une multitude de mesures internes d'incorporation ou d'harmonisation rendant possible l'effectivité du droit international humanitaire en droit interne. En effet :

- les lois pénales comme la loi belge actualisant la loi n° 577 de 1962-1963, relative à la répression des infractions graves aux Conventions de Genève, code pénal de la URSS de Biélorussie qui comporte un chapitre réservé aux « crimes de guerre » ;

- les codes d'instructions militaires tel le cas de la Hollande pour le Military *Discipline Act* de 1903, le *War time criminal law Act* de 1951, *l'Act supplementing the genocide* convention de 1964, la section 125 *of the Administrative offences Act* en République fédérale d'Allemagne.

---

[1] Voir DJENA WEMBOU (M-C) et DAOUDA (F.), *Droit international humanitaire, théorie générale et réalités, op cit.*, pp. 204-207.

[2] Voir GONIDEC (P. F), *Le droit international*, chapitre XII, Encyclopédie juridique de l'Afrique, Tome 1, » L'Etat et le droit », NEA, Dakar 1992, pp. 295-301.

[3] CICR, Manuel de la Croix-Rouge internationale, douzième édition, Genève, février 1983, tableau des Etats parties et des Etats signataires et/ou parties, pp. 415-420.

[4] XXVIe Conférence internationale de la Croix-Rouge et du Croissant-Rouge, point 4 à l'ordre du jour mesures nationales, CICR, Genève, 1991.

3. Michel-cyr Wembou[1] fait le point avec précision sur les cas du Cameroun, de la Côte d'Ivoire et de l'Ethiopie en ce qui concerne l'incorporation du droit international humanitaire.

Pour le Cameroun, il est noté qu'il est formellement parti aux Conventions de Genève de 1949 en vertu de la déclaration de succession. Il a adhéré lui-même le 16 septembre 1984 aux protocoles additionnels.

Par ailleurs, diverses mesures nationales sont également recensées. Il s'agit :

- du décret n° 75/700 du 6 novembre 1975 portant règlement de la discipline générale dans les forces armées comportant une section consacrée aux « lois et coutumes de guerre » (articles 30-35) ;

- des dispositions du Code pénal relatives aux graves violations du droit international humanitaire en rapport avec l'homicide intentionnel (article 276), les traitements inhumains (articles 275-288), les attaques de la population civile (articles 275, 276, 278, 279), etc.

Si dans les droits internes, les juridictions assurent le contrôle et le respect des normes, qu'en est-il en droit international humanitaire ?

---

[1] Voir DJENA WEMBOU (M-C) et DAOUDA (F.), *op cit.,* 2000.

CHAPITRE II

LES INSTITUTIONS DE CONTROLE DE L'APPLICATION DU DROIT INTERNATIONAL HUMANITAIRE

Le contrôle de l'application du droit international humanitaire se fait d'une façon originale et spécifique, propre à cette branche du droit international.

Les méthodes, moyens et institutions, de contrôle sont « *sui generis* », d'où l'intérêt d'étudier le rôle des hautes parties contractantes, celui des puissances protectrices et, celui de la Croix-Rouge ou d'autres organes.

I- LE CONTROLE D'APPLICATION DEVOLU AUX ETATS

Les entités étatiques peuvent intervenir ici de trois manières ; comme hautes parties contractantes, puissances neutres, ou comme puissances protectrices.

I.1- LE CONTROLE PAR LES PARTIES CONTRACTANTES

1. Les diverses conventions humanitaires universelles ou régionales lient d'abord les « Hautes Parties contractantes » en tant que traités internationaux et suivant le principe général de droit international *Pacta sunt servanda*.

2. Les conventions de Genève de 1949 comme les protocoles additionnels I et II, commencent toujours par la formule rituelle « Les Hautes parties contractantes s'engagent à respecter et à faire respecter en toutes circonstances[1]... ».

3. Des dispositions concrètes et multiples dans ses textes confirment ces engagements[2] :

« Les Hautes Parties contractantes s'engagent à prendre toutes mesures législatives nécessaires pour fixer les sanctions pénales adéquates à appliquer aux personnes ayant commis, ou donne l'ordre de commettre, l'une ou l'autre des infractions graves à la présente Convention...

Chaque partie contractante aura l'obligation de rechercher les personnes prévenues d'avoir commis ou d'avoir ordonné de commettre, l'une ou l'autre de ces infractions graves et elle devra les déférer à ses propres tribunaux » (article 49 de la convention n° I sur les blessés et les malades).

---

[1] Voir conventions de Genève 1949, article 1er et protocoles additionnels, article 1er.

[2] Voir articles 49 de la convention n° I de 1949 et article 1er de la convention n° III de 1949.

Et l'article 54 de la même convention prescrit de même que les « Hautes Parties contractantes, dont la législation ne serait pas dès à présent suffisante, prendront les mesures nécessaires pour empêcher et réprimer en tout temps les abus et les infractions graves ».

4. La convention n° IV du 18 octobre 1907de La Haye fait obligation aux puissances contractantes de donner « à leurs forces armées de terre des instructions qui seront conformes au Règlement concernant les lois et coutumes de guerre sur terre » (article 1er).

I.2- LE CONTROLE PAR LES PUISSANCES NEUTRES

Les puissances neutres sont tenues d'appliquer par analogie les dispositions de la convention pour l'amélioration du sort des blessés et des malades. Elles doivent également l'appliquer aux membres du personnel sanitaire et religieux des forces armées adverses internés sur leur territoire.

L'article 13 de la convention n° V de La Haye fait obligation à la puissance neutre de laisser en liberté les prisonniers de guerre évadés.

I.3- LE CONTROLE PAR LES PUISSANCES PROTECTRICES ET LES SUBSTITUTS

1. Afin d'assurer le respect des conventions de Genève, les parties au conflit doivent s'assurer le concours et admettre le contrôle des puissances protectrices, c'est-à-dire d'États neutres chargés de sauvegarder les intérêts des puissances belligérantes en pays ennemi.

2. Les conventions de Genève de 1949 ont consacré cette disposition (article 8 commun aux conventions I, II, III, article 9 de la IV) :

« La présente convention sera appliquée avec le concours et sous le contrôle des puissances protectrices chargées de sauvegarder les intérêts des parties au conflit.

A cet effet, les puissances protectrices pourront, en dehors de leur personnel diplomatique ou consulaire, désigner des délégués parmi leurs propres ressortissants ou parmi les ressortissants d'autres puissances neutres. Ces délégués devront être soumis à l'agrément de la puissance auprès de laquelle ils exerceront leur mission ».

Les parties au conflit sont tenues de faciliter la tâche des représentants ou délégués des puissances protectrices.

La mission des puissances protectrices est limitée et statutaire.

Elle doit tenir compte des nécessités de sécurité de l'État auprès duquel elle s'exerce. Seules des exigences militaires impérieuses peuvent autoriser, à titre exceptionnel et temporaire, une restriction de leur activité.

3. Les puissances protectrices peuvent prêter leurs bons offices aux fins de règlement d'un différend d'interprétation ou d'application des conventions de Genève de 1949 (article 11 de la convention n° I).

4. Les dispositions relatives aux puissances protectrices ont été reprises par le protocole additionnel n° I en son article 5.

Toutefois, la désignation et l'acceptation des puissances interviennent au début du conflit.

5. Il est à noter que le maintien des relations diplomatiques entre les parties ne fait pas obstacle à la désignation des puissances protectrices aux fins d'application des conventions de Genève et dudit protocole additionnel.

6. Michel Bélanger[1] retient le peu d'utilisation de cette institution : affaire de Suez 1956, affaire de Goa en 1961, affaire du Bangladesh, guerre des Malouines en 1983…

7. Les conventions de Genève de 1949 (article 10 de la convention n° III, article B de la convention n° IV) instituent aussi des « substituts des puissances protectrices » définis comme un organisme présentant toutes garanties d'impartialité et d'efficacité pour accomplir les tâches dévolues aux puissances protectrices.

8. L'intervention des puissances protectrices ou des substituts n'exclut pas celle du Comité international de la Croix-Rouge ou de ses agences.

II- LE CONTROLE D'APPLICATION PAR LE COMITE INTERNATIONAL DE LA CROIX-ROUGE ET DE SES AGENCES

Une distinction est à établir entre l'action du CICR et des organes qui lui sont rattachés.

II.1- LE ROLE DE CONTROLE DEVOLU AU COMITE INTERNATIONAL DE LA CROIX-ROUGE

1. le Comité international de la Croix-Rouge est « **partie constitutive** » de la Croix-Rouge internationale.

Il possède la personnalité civile au titre des articles 60 et suivants du code civil suisse. Il siège à Genève.

2. Il a pour rôle :

« a) **de maintenir les principes fondamentaux** de la Croix-Rouge proclamés par la XXe conférence internationale de la Croix-Rouge ;

---

[1] Voir BELANGER (M.), *Droit international humanitaire général*, *op cit.*, pp. 77-79.

b) **d'agir en qualité d'institution neutre**, spécialement en cas de guerre, de guerre civile ou de troubles intérieurs ; de s'employer en tout temps à ce que les victimes militaires et civiles desdits conflits et de leurs suites directes reçoivent protection et assistance ; de servir d'intermédiaire entre les parties sur le plan humanitaire »[1].

3. Il assume les mandats qui lui sont confiés par les conférences internationales de la Croix-Rouge et du Croissant-Rouge.

4. Le CICR recrute parmi les citoyens suisses par cooptation et comprend quinze à vingt-cinq membres.

5. Il joue le rôle « **d'institution spécifiquement neutre** ».

Et les conventions de Genève de 1949 lui reconnaissent un rôle essentiel dans le contrôle d'application du droit international humanitaire :

« Les dispositions de la présente convention ne font pas obstacle aux activités humanitaires que le comité international de la Croix-Rouge, ainsi que tout autre organisme humanitaire impartial, entreprendra pour la protection » des victimes de guerre (blessés et malades, prisonniers de guerre, personnes civiles, etc.) (article 9 commun aux conventions n° I, II, III et article 10 de la convention n° IV).

Ces dispositions sont reprises à l'article 81 du protocole additionnel n° I.

A cet effet, les délégués du CICR sont autorisés comme les représentants des puissances protectrices à se rendre dans tous les lieux où se trouvent les personnes protégées (lieux d'internement, de détention et de travail[2]).

Des facilités humanitaires sont affectées à cet effet au CICR pour assurer sa mission ainsi qu'à certaines de ses agences.

II.2- Le rôle dévolu aux agences du CICR

II.2.1- Le rôle de l'agence central de recherches

a. Fondements

Les articles 123 et 140 des conventions n° III et n° IV respectivement, proposaient la création en pays neutre d'une agence centrale de renseignements, sur proposition du CICR.

Aujourd'hui, une agence centrale de recherches fonctionne à titre permanent comme un département permanent du CICR[3].

---

[1] Article 4 des statuts du Comité international de la Croix-Rouge.
[2] Voir convention n° III article 126, convention n° IV article 143, protocole additionnel n° I.
[3] DJUROVIC (G.), *L'agence centrale de recherches du comité international de la Croix-Rouge*, Institut Henri Dunant, Genève, 1981, 295 pages.

b. Interventions

Gradimir Djurovic note que les activités du CICR se sont caractérisées par l'intervention directe sur le terrain, l'intervention en faveur du regroupement des familles séparées et des réfugiés, en faveur des victimes de conflits armés non internationaux et en cas de troubles intérieurs.

L'agence a été en action durant la guerre d'Algérie, au Proche-Orient (1967-1973), dans le conflit indo-pakistanais (1971), le conflit de Chypre, au Chili, etc.

Le bureau national de renseignements fait parvenir d'urgence, par les moyens les plus rapides et par l'intermédiaire de l'agence centrale, les informations concernant les personnes protégées (article 136 de la convention n° IV).

Toutefois, le protocole n° II ne mentionne pas le rôle de l'agence centrale de recherches. Le projet d'article 34 relatif à l'enregistrement et l'information des victimes a été supprimé.

II.2.2- Le rôle de la commission internationale d'établissement des faits

1. Les conventions de La Haye ainsi que celles de Genève 1949 prévoyaient une procédure bilatérale d'établissement des faits en cas de violation constatée par les parties.

Celles-ci devaient s'entendre ou recourir de commun accord à un arbitre[1]. Cette procédure laborieuse n'a pas marché.

2. L'article 90 du protocole n° I introduit une innovation : il crée une Commission internationale d'établissement des faits (CIHEF) :

« a) il sera créé une Commission internationale d'établissement des faits dénommée ci-après « Commission », composée de quinze membres de **haute moralité et d'une impartialité reconnue** ».

Les membres de la commission serviront à titre personnel. Ils doivent posséder les qualifications requises, leur élection doit tenir compte de la représentation géographique.

3. Ladite commission est compétente pour :

« 1° enquêter sur tout fait prétendu être une infraction grave au sens des conventions et du Protocole ou une violation grave desdites conventions ;

2° faciliter, en prêtant ses bons offices, le retour à l'observation des dispositions des Conventions et du Protocole ;

[1] Voir convention n° I (article 52), convention n° II (article 53), convention n° III (article 132), convention n° IV (article 149).

3° faciliter, en prêtant ses bons offices, leur retour à l'observation des dispositions des Conventions ou du présent protocole ».

Dans d'autres cas, la Commission ne peut ouvrir une enquête qu'à la demande d'une partie au conflit et avec le consentement de l'autre ou des parties intéressées.

4. Les règles de procédure de la Commission sont précisées :

- le président de la Commission constitue une chambre dès réception de la demande d'enquête ;

- tous les éléments de preuve sont communiqués aux parties concernées qui ont le droit de présenter leurs observations à la Commission ;

- la Commission présente aux parties concernées un rapport sur les résultats de l'enquête de la chambre ;

- la Commission ne communique pas publiquement ses conclusions à moins que toutes les parties le demandent.

5. L'adhésion à la compétence de la Commission par les hautes parties contractantes peut se faire au moment de la signature, de la ratification ou de l'adhésion au protocole ou même ultérieurement.

Toutefois, conformément à l'alinéa 2a de l'article 90, « les hautes parties contractantes peuvent aussi déclarer reconnaître de plein droit et sans accord spécial à l'égard de toute autre haute partie contractante qui accepte la même obligation, la compétence de la Commission pour enquêter sur les allégations d'une telle autre Partie ».

Ce mécanisme s'inspire de celui de la clause de compétence facultative obligatoire de l'article 38 paragraphe 2 du statut de la CIJ. Il est mis en place pour faciliter l'accès à la Commission internationale d'établissement des faits.

La compétence de la Commission est devenue effective depuis la guerre du Golfe et, 68 États ont souscrit au 31 août 2003 la déclaration de compétence obligatoire.

Il conviendrait de noter que la convention de 1977 sur l'interdiction de techniques de modification de l'environnement (Annexe à la convention) a créé un « comité consultatif d'experts » ayant compétence pour faire des « constatations de faits appropriées et fournir des avis autorisés ».

Tout État partie à cette convention peut également déposer une plainte auprès du Conseil de sécurité des Nations Unies (article 5, alinéa 5). Cette plainte doit être accompagnée de tous les renseignements pertinents[1].

---

[1] Voir CICR, Manuel de la Croix-Rouge internationale, *op cit.*, p 389.

III- LE CONTROLE D'APPLICATION PAR L'ORGANISATION DES NATIONS UNIES

Sur le plan international, l'ONU a la responsabilité principale de l'ordre, de la paix et de la sécurité. Le contrôle de l'application du droit international humanitaire l'intéresse au plus haut point comme participant de la protection de la dignité humaine.

Sur quelles bases particulières peut-elle fonder ses interventions et comment se manifestent-elles ?

III.1- LES FONDEMENTS CONVENTIONNELS DE L'INTERVENTION DES NATIONS UNIES

Il faut partir de la Charte et aboutir par l'analyse des conventions humanitaires…

III.1.1- La Charte et les interventions humanitaires de l'ONU

1. Yann Kerbat[1] a consacré une excellente étude à ce sujet.

L'article 39 de la Charte des Nations Unies cite trois circonstances particulières qui peuvent conduire le Conseil de sécurité à agir sur le fondement du fameux chapitre VII : une « menace contre la paix », « une rupture de la paix » ou « un acte d'agression ».

Pour cet auteur, « le Conseil de sécurité a considéré que les situations de crise humanitaire et de violations massives des droits de l'Homme pouvaient être constitutives de menaces contre la paix »[2].

Se faisant, il a élargi la notion de menaces contre la paix aux situations de crises humanitaires et aux violations généralisées du droit humanitaire[3].

2. Sur la base du chapitre VII, le Conseil de sécurité des Nations Unies s'est donc autorisé à intervenir dans de multiples hypothèses :

- déplacements massifs de populations (Irak, Haïti, Haut Karabakh) ;

- situations de conflits internes engendrant de grandes souffrances aux populations (Somalie, Haut Karabakh) ;

- graves violations du droit humanitaire. A cet effet, la résolution 808 du 22 février 1992 décide de la création d'un Tribunal international chargé de juger les auteurs des violations du droit humanitaire commises sur le territoire de l'ex-Yougoslavie.

---

[1] YANN BERBAT, La référence au Chapitre VII de la Charte des Nations Unies dans les résolutions à caractère humanitaire du Conseil de sécurité, Paris, LGDJ, 1995, 116 pages.

[2] Voir BERBAT (Y.), op cit., pp. 11-15.

[3] *Ibid.*

Il faut noter que les violations doivent être « flagrantes » et, « flagrantes, généralisées et systématiques » et se manifester sous formes « de tueries massives, de détentions et de viols massifs organisés et systématiques des femmes », de pratiques de « nettoyage ethnique »...

III.1.2- Les conventions humanitaires et la coopération des Nations Unies

1. Le « **Protocole additionnel n° I** » dans son article 89 déclare :

« dans les cas de violations graves des conventions ou du présent Protocole, les Hautes parties contractantes s'engagent à agir tant conjointement que séparément, en coopération avec l'Organisation des Nations Unies et conformément à la Charte des Nations Unies ».

2. La « Convention du 10 octobre 1976 sur l'interdiction d'utiliser des techniques de modifications de l'environnement à des fins militaires ou toutes autres fins hostiles autorise en son article 5 alinéa 3 tout « État partie » à la présente convention de déposer une plainte auprès du Conseil de sécurité de l'Organisation des nations unies.

Cette plainte doit être accompagnée de tous les renseignements pertinents ainsi que de tous les éléments de preuve.

Le Conseil de sécurité ainsi saisi peut intervenir dans le contrôle d'application des dispositions de cette convention...

3. Par ailleurs, il est à noter que l'Assemblée générale, et non plus le Conseil de sécurité, s'est autorisée d'instituer une procédure d'enquête concernant les activités pouvant constituer une violation du protocole de 1925 prohibant l'emploi de gaz asphyxiants et de moyens bactériologiques.

III.2- LES TYPES D'INTERVENTIONS DES NATIONS UNIES

Yann Kerbat distingue les mesures d'assistance humanitaire (police) des mesures destinées à imposer le respect du droit humanitaire international[1]

III.2.1- Les mesures d'assistance humanitaire

Les mesures d'assistance humanitaire sont inspirées par l'établissement des zones humanitaires. Elles sont rarement opératoires et, visent pour l'essentiel à assurer l'acheminement de l'aide humanitaire.

1. Il peut être imposé aux parties en conflit le libre accès à l'assistance humanitaire pour :

---

[1] Voir BERBAT (Y.), *La référence*, *op cit.*, pp. 50-99.

- faciliter l'acheminement par les Nations Unies de l'aide humanitaire : (résolution n° 688 du 5 avril 1991 relative à la situation du Kurdistan irakien ou résolution n° 822 sur le Haut Karabakh) ;

- assurer la sécurité des convois humanitaires (résolution n° 733 sur la Somalie).

2. En application de l'article 14 de la convention n° IV du 12 août 1949 de Genève, il peut être établit « **des zones de soustraction des victimes** » à leur agresseur.

Le Conseil de sécurité, sur le fondement du chapitre VII, peut créée des zones spéciales. Il a ainsi créé des « zones d'interdiction de survol » et des « zones de sécurité »comme cela a été le cas respectivement en Bosnie par la résolution 781et à Srebrenica par la résolution n° 819 du 16 avril 1993.

3. Le problème majeur qui peut se poser est celui de l'habilitation de l'usage de la force pour la réalisation de ces mesures. Quelques cas peuvent être évoqués :

- Somalie, résolution n° 794 dans le cadre de l'opération *Restore Hope*;

- Bosnie-Herzégovine, résolution n° 770 du 10 août 1992 ;

- Rwanda, résolution n° 925 pour l'habilitation à mener l'opération en employant tous les moyens nécessaires pour atteindre les objectifs humanitaires.

III.2.2- Les mesures d'imposition du respect du droit humanitaire international

Ce sont des mesures déclaratoires qui se contentent de rappeler aux parties le respect des normes du droit international humanitaire et de condamner leur violation par la suite.

1. Il est d'abord fait un rappel aux parties et à toutes les parties, de leur obligation de respecter le droit humanitaire international.

Le Conseil de sécurité s'est acquitté à plusieurs reprises de cette obligation :

- Ex-Yougoslavie (résolution 764 et 771),

- Liberia (résolution 813, 811, 834),

- Angola (résolution 851),

- Somalie (résolution 822, 853),

- et Haut Karabakh (résolution 873).

Ce rappel emporte interdiction de plusieurs actes répréhensibles relatifs au nettoyage ethnique, à l'épuration ethnique, à la destruction des groupes nationaux raciaux ou ethniques, etc.

2. Le Conseil de sécurité a de façon constante et générale condamné les **violations du droit international humanitaire**.

Il a de tout temps insisté sur leur « brutalité inqualifiable », sur le caractère d'actions délibérées conçues pour empêcher la fourniture de vivres et d'articles médicaux.

L'étape du contrôle d'application précède de peu celle de la sanction des violations du droit international humanitaire à laquelle participe également le système des Nations Unies.

CHAPITRE III

LA SANCTION DES VIOLATIONS DU DROIT INTERNATIONAL HUMANITAIRE

La sanction des violations du droit international humanitaire fait problème étant donné que les sources de ce droit sont disparates et ses règles d'ordre interne autant que celles d'ordre externe multiples. Par ailleurs, la communauté internationale rivalise avec les États pour assurer l'application de la sanction liée aux diverses violations.

Aussi, à un système de juridictions internationales humanitaires établi, s'opposent des prétentions de justice autonome, nationale ou internationale.

I- LA SANCTION PAR LES JURIDICTIONS PENALES INTERNATIONALES

Deux types de juridictions opèrent aujourd'hui dans ce domaine :

- les tribunaux internationaux *ad hoc ;*

- et la Cour pénale internationale (CPI).

I.1- LES TRIBUNAUX INTERNATIONAUX *AD HOC*

1. Les tribunaux *ad hoc* sont créés par les Nations Unies c'est-à-dire par la communauté internationale.

Ils précisent le droit appliqué et ont une durée déterminée.

Ce ne sont pas des tribunaux de vainqueurs comme ceux de Tokyo, de Khabarovsk et de Nuremberg et encore…

Leur création est consécutive à des événements précis bien délimités dans le temps et dans l'espace (principes *rationae temporis* et *rationae loci*) et, répond au souci de juger et de punir les violations aux règles et principes du droit humanitaire.

2. Les cas de compétence sont donc d'avance déterminés.

Il ne peut s'agir de dénoncer ici le non-respect des principes généraux (*nullum crimen sine lege*) du droit pénal.

Quelles sont les caractéristiques générales des tribunaux internationaux *ad hoc* et comment se présentent-elles respectivement ?

L'étude des tribunaux pénaux internationaux pour le Rwanda et l'ex-Yougoslavie nous en donne la substance.

I.1.1- Le Tribunal pénal international pour l'ex-Yougoslavie (TPIY)

Le Tribunal pénal international pour l'ex-Yougoslavie (TPIY) est créé par les résolutions n° 808 et 827 du Conseil de sécurité des Nations Unies.

Ce tribunal est chargé de « juger les personnes présumées responsables de violations graves du droit international humanitaire commises sur le territoire de l'ex-Yougoslavie depuis 1991 » ;

a. La compétence

1. Conformément aux articles 1, 2, 3, 4 et 5 de son statut, le TPIY est compétent pour juger les personnes physiques ayant commis les catégories d'infractions visées par ce statut : infractions graves aux conventions de Genève 1949, violations des lois et coutumes de la guerre, infraction de génocide et crimes contre l'humanité.

2. Suivant le principe *ratione loci,* sa compétence s'étend au territoire de l'ancienne République fédérative de Yougoslavie y compris son espace terrestre, son espace aérien et ses eaux territoriales.

3. La compétence *ratione temporis* quant à elle, fait référence à la période commençant à partir du 1er janvier 1991.

Le TPIY et les juridictions nationales sont concurremment compétents.

b. L'organisation du TPIY

Selon l'article 11 du statut, le TPIY comprend trois (03) organes :

- le bureau du procureur ;
- les chambres ;
- le greffe.

b.1- Le bureau du procureur

Le bureau du procureur est placé sous l'autorité du procureur nommé par le Conseil de sécurité des Nations Unies sur proposition de son secrétaire général. Il a un mandat de quatre (04) ans renouvelable et, est assisté par un personnel qualifié composé entre autres d'enquêteurs expérimentés, d'experts en criminologie, d'analystes militaires, de juristes et de substituts.

Il constitue un organe distinct au sein du tribunal international et fonctionne en toute indépendance vis-à-vis du Conseil de sécurité, des États, des organisations internationales et des deux autres organes du TPIY. De ce fait, il ne sollicite ni ne reçoit d'instructions d'aucun gouvernement, ni d'aucune autre source.

Le rôle du procureur est prévu à l'article 16 du Statut du tribunal.

Il est ainsi «responsable de l'instruction des dossiers et de l'exercice de la poursuite contre les auteurs de violations graves du droit international humanitaire commises sur le territoire de l'ex-Yougoslavie depuis le 1er janvier 1991».

b.2- Les chambres

1. Corrélativement à l'article 12 du Statut, « les Chambres sont composées de seize juges permanents indépendants, tous ressortissants d'États différents, et, au maximum au même moment, de douze juges *ad litem* indépendants, tous ressortissants d'États différents, désignés conformément à l'article 13 *ter*, paragraphe 2, du Statut ».

2. Les seize juges permanents sont élus par l'Assemblée générale des Nations Unies sur une liste présentée par le Conseil de sécurité, pour un mandat de quatre ans, renouvelable (article 13 *bis*).

Les juges *ad litem* sont également élus par l'Assemblée générale sur proposition du Conseil de sécurité. Ils bénéficient des mêmes conditions que les juges permanents, ont les mêmes pouvoirs quoique, leur mandat de quatre (04) ans ne soit pas renouvelable (article 13 *ter*).

En cas de vacances, le secrétaire général, après consultation des présidents du Conseil de sécurité et de l'Assemblée générale, peut nommer une personne réunissant les conditions exigées.

3. Les juges permanents et *ad litem* doivent être des personnes impartiales, intègres, de haute moralité et, posséder les qualifications requises.

Ils sont répartis en quatre (04) chambres dont trois (03) de première instance et une (01) d'appel.

4. Chacune des Chambres de première instance est composée de trois (03) juges permanents et, au maximum au même moment, de neuf (09) juges *ad litem*.

Chaque Chambre de première instance à laquelle ont été désignés des juges *ad litem* peut être subdivisée en sections de trois juges chacune, composées à la fois de juges permanents et *ad litem*, sauf dans les circonstances spécifiées au paragraphe 5 de l'article 12 du Statut.

Les sections des Chambres de première instance ont les mêmes pouvoirs et responsabilités que ceux conférés à une Chambre de première instance par le Statut et rendent leurs jugements suivant les mêmes règles.

5. La Chambre d'appel est composée de sept (07) juges permanents dont cinq (05) uniquement interviennent pour chaque appel.

Les juges permanents élisent parmi eux un président qui toutefois demeure membre de la chambre d'appel qu'il préside.

b.3- Le greffe

Le greffe est chargé d'assurer l'administration et les services du tribunal international.

Il se compose d'un greffier, d'un greffier adjoint et autres personnels nécessaires.

Le greffier est désigné par le secrétaire général après consultation du président du tribunal pour un mandat de quatre ans.

c. La procédure

c.1- La procédure globale du TPIY

1. En règle générale, le TPIY garantie les droits des accusés.

En effet, tous les accusés y comparaissent égaux et, chaque cause doit être entendue publiquement et équitablement.

Toute personne accusée est présumée innocente jusqu'à ce que sa culpabilité ait été établie.

L'accusé a droit aux garanties suivantes :

- être informé, dans le plus court délai et dans la langue qu'il comprend, des motifs de l'accusation ;

- disposer du temps et des facilités pour préparer sa défense et communiquer avec le conseil de son choix ;

- être présent au procès et se défendre avec ou sans l'assistance d'un défenseur ;

- interroger les témoins à charge (*cross examination*).

2. Le tribunal prévoit des règles et des mesures de protection des victimes, des témoins et de protection de l'identité des victimes.

3. La sentence est rendue en audience publique à la majorité des juges de la chambre de première instance.

La chambre n'impose que des peines d'emprisonnement. Elle peut toutefois ordonner la restitution à leurs propriétaires légitimes de tous les biens et ressources acquis par des moyens illicites.

c.2- Les procédures spécifiques aux organes du TPIY

La procédure devant le TPIY est fortement juridictionnelle.

c.2.1- Le procureur

Le procureur ouvre une information d'office ou sur la foi des renseignements obtenus de toutes sources, notamment des gouvernements, des organes de l'Organisation des nations unies, des organisations intergouvernementales ou non gouvernementales. Il évalue les renseignements reçus ou obtenus et se prononce sur l'opportunité ou non d'engager les poursuites.

Son personnel mène les enquêtes (recueil de preuves, identification de témoins, exhumations de charniers, etc.), prépare les actes d'accusation et soutiennent les accusations devant les juges.

Le procureur est habilité à interroger les suspects, les victimes et les témoins. Il est également habilité à réunir les preuves…

Il peut saisir le tribunal d'une demande révision de la sentence en cas de « fait nouveau » qui n'était pas connu au moment du procès en première instance ou en appel et qui aurait pu être « un élément décisif » de la décision (article 26 du statut du TPIY).

c.2.2- Les chambres

Toute personne placée en état d'arrestation est immédiatement informée des chefs d'accusation portés contre elle et est déférée au tribunal international.

1. La chambre de première instance veille à ce que le procès soit équitable et rapide.

La chambre donne lecture de l'acte d'accusation et fixe la date du procès.

Les audiences sont publiques à moins que la chambre décide de les tenir à huis clos.

2. La chambre d'appel connaît des recours introduits par des personnes condamnées par la chambre de première instance pour les motifs suivants :

- erreur sur un point de droit qui invalide la décision ;

- erreur de fait qui entraîne un déni de justice.

La chambre d'appel peut confirmer, annuler ou réviser les décisions des chambres de première instance.

3. Le TPIY étant créé sur la base du modèle accusatoire, les juges ne sont pas là pour mener le procès calqué sur le modèle de l'Europe continentale. Mais, ils se font une idée concernant la culpabilité des accusés et la détermination de la sanction après avoir entendu, sauf exception, les témoignages et les arguments des parties en audiences publiques.

Par ailleurs, ils rédigent et adoptent les documents juridiques nécessaires au fonctionnement du tribunal, tel que le Règlement de procédure et de preuve.

Le juge de la chambre de première instance, examine l'acte d'accusation dont il est saisi…

S'il estime que le procureur a établi qu'au vu des présomptions, il y a lieu d'engager des poursuites, il confirme l'acte d'accusation. A défaut, il le rejette conformément à l'article 19 du statut.

Si le juge confirme l'acte d'accusation, il décerne, sur réquisition du procureur, les ordonnances et mandats d'arrêt, de détention, d'amener ou de relaxe de personnes et toutes autres ordonnances nécessaires pour la poursuite du procès.

c.2.3- Le Greffe

Le greffe est chargé d'assurer l'administration et les services judiciaires du Tribunal, notamment les services de traduction des pièces et d'interprétation des audiences.

Ses responsabilités judiciaires incluent l'organisation des audiences, la gestion et la transmission des pièces déposées par les parties, le système d'assistance judiciaire aux accusés indigents, l'assistance aux victimes et témoins, le fonctionnement de l'Unité de détention du Tribunal et le respect du Statut.

De concert avec le Président, le Greffier exerce des fonctions diplomatiques. En outre, il est chargé de toute communication émanant du Tribunal ou adressées à celui-ci.

c.2.4- Les États

Les États collaborent avec le TPIY à la recherche et au jugement des personnes accusées d'avoir commis des violations graves du droit international humanitaire.

Ils répondent sans retard à toute demande d'assistance ou à toute ordonnance concernant :

- l'identification et la recherche des personnes ;
- la réunion des témoignages et la production des preuves ;
- l'expédition des documents ;
- l'arrestation ou la détention des personnes ;
- le transfert ou la traduction de l'accusé devant le tribunal.

Le TPIY siège à La Haye (Pays-Bas).

Il a qualité d'organe subsidiaire des Nations Unies. Par conséquent, ses dépenses sont imputées sur le budget ordinaire de l'Organisation des nations unies.

Les juges, le procureur et le greffier jouissent des privilèges, des immunités et des exemptions accordés aux agents diplomatiques et conformément au droit international.

Ses langues de travail sont l'anglais et le français.

Le président du TPIY présente chaque année un rapport au Conseil de sécurité et à l'Assemblée générale des Nations Unies.

d. La sanction des violations

d.1- L'application de l'article 3 du statut

1. Le TPIY est resté « activement » saisi des infractions de violations graves du droit international humanitaire sur le territoire de l'ex-Yougoslavie.

Il s'est distingué contre un certain nombre d'officiers supérieurs dont Blaskic (45 ans de prison) et Krstic (affaire de Srebrenica).

Il a diligenté trois actes d'accusation contre le chef d'État Serbe Slobodan Milosevic :

- affaire du Kosovo (acte d'accusation du 24 mai 1999) ;

- affaire de la Croatie (acte d'accusation du 8 octobre 2001) ;

- affaire de la Bosnie (acte d'accusation du 22 novembre 2001).

Le décès de l'intéressé a entraîné l'extinction de l'action judiciaire en 2005.

D'autres actions restent en cours d'instance (général Mc Adic...).

L'affaire procureur contre Anto Furundzija (affaire n° IT-95-17/1-T du 10 décembre 1998) devant la chambre de première instance II (juges Mumba président Cassese et May) illustre le travail d'application du droit international humanitaire accompli déjà par le TPIY.

La cour a estimé que cette disposition-cadre « embrasse toute violation grave des règles du droit international humanitaire coutumier engageant, en droit international coutumier ou conventionnel, la responsabilité pénale individuelle du contrevenant ». Et de ce fait, les atteintes à la dignité des personnes y compris le viol sont sanctionnées par cet article 3 du statut car il y avait, dès mi-mai 1993, conflit armé.

d.2- La sanction de la torture

Le TPIY a développé une forte argumentation pour sanctionner la torture :

- du fait de la ratification par la Bosnie-herzégovine des instruments conventionnels interdisant la torture (article 3 commun aux conventions de Genève, article 4 des protocoles additionnels n° I et II) ;

- du fait que la torture était un crime de guerre aux termes de la législation nationale de Bosnie-Herzégovine ;

- du fait de son interdiction en droit conventionnel (*instructions for the Government of Armies of the United States* 1863, conventions n° IV de La Haye concernant les lois et coutumes de la guerre sur terre et le règlement annexé).

Il a noté que, depuis l'affaire du Nicaragua, la cour internationale de justice a confirmé avec autorité que l'article 3 commun qui interdit la torture est désormais une règle bien établie du droit coutumier international.

Il a également conclu que si un État peut être tenu responsable des actes de torture, l'interdiction de tortures s'adresse avant tout aux individus.

d.3- La sanction du viol et des violences sexuelles

Le TPIY a estimé que le viol est une infraction qui relève de sa compétence et peut être poursuivie au titre de crime contre l'humanité comme constituant une infraction grave aux conventions de Genève, aux lois et coutumes de la guerre.

Le plus original réside dans la longue excursion jurisprudentielle de la chambre spéciale. Elle cite à tour de bras pour appuyer sa décision :

- la jurisprudence du tribunal militaire international pour l'Extrême-Orient et la commission militaire des États-Unis,

- les pactes internationaux des droits,

- la convention européenne pour la sauvegarde des droits de l'Homme et les libertés fondamentales de 1950,

- la convention interaméricaine des droits de l'Homme de 1969,

- et la Charte africaine des droits de l'Homme et des peuples de 1981.

Le TPIY, dans cette affaire, fait preuve d'audace dans la précision de la définition du viol qui comporterait aujourd'hui « la pénétration orale »...

L'affaire Anto Furundzija offre donc un cas d'étude varié d'application du droit international humanitaire.

I.1.2- Le Tribunal international pour le Rwanda (TPIR)

Le Tribunal pénal international pour le Rwanda[1] est créé à la faveur de la résolution n° 955 du 8 novembre 1994 du Conseil de sécurité des Nations Unies.

---

[1] Voir TPIR, Dossier, *Leçons du tribunal pénal international pour le Rwanda, l'Héritage Arusha*, Press and public affairs unit, 2009.

Il avait pour rôle de juger « les personnes présumées responsables d'actes de génocide ou d'autres violations graves du droit international humanitaire au Rwanda ».

Il estimait agir au titre du chapitre VII de la Charte des Nations Unies.

a. L'organisation

Le schéma d'organisation est semblable à celui du TPIY. Le TPIR comprend :

- le procureur,

- les chambres,

- et un greffe commun.

a.1- Le procureur

Le procureur est un organe distinct au sein du tribunal international pour le Rwanda.

Il agit en toute indépendance et ne sollicite ni ne reçoit d'instructions d'aucun gouvernement ni d'aucune autre source.

Il cumule son poste avec celui de procureur au Tribunal international pour l'ex-Yougoslavie.

Le bureau du procureur comprend trois sections :

- la section des enquêtes ;

- la section des poursuites ;

- la division des appels et des avis juridiques[1].

a.2- Les chambres

Les chambres sont au nombre de trois, deux de première instance et une d'appel.

Elles sont composées de 11 (onze) juges indépendants, ressortissants d'États différents. Trois (03) siègent dans chacune des chambres de première instance et cinq (05) siègent à la chambre d'appel.

Les juges des chambres de première instance sont élus par l'Assemblée générale sur une liste présentée par le Conseil de sécurité des Nations Unies, pour un mandat de quatre ans.

---

[1] TPIR, *Leçons du tribunal pénal international pour le Rwanda*, Bureau immédiat du greffier, p. 15.

Les juges doivent être des personnes intègres, impartial, de haute moralité et possédés les qualifications requises.

Les juges élisent un président qui conduit toutes les procédures devant les chambres.

a.3- Le greffe

Le greffier est désigné par le secrétaire pour un mandat de quatre ans renouvelable. Les conditions du greffier sont celles d'un sous-secrétaire général de l'Organisation des nations unies.

b. La compétence

Le TPIR est compétent pour juger les personnes ayant commis des actes de génocide, les crimes contre l'humanité et les violations de l'article 3 commun aux Conventions de Genève et au protocole additionnel n° II.

1. Les « actes de génocide » sont ici visés en premier dans ce conflit d'ordre interne, non international :

« Le génocide s'entend de l'un quelconque des actes ci-après commis dans l'intention de détruire, en tout ou en partie, un groupe national, ethnique, racial ou religieux comme tel :

a) Meurtre de membres du groupe ;

b) Atteinte grave à l'intégrité physique ou mentale de membres du groupe » ;

c) Soumission intentionnelle du groupe à des conditions d'existence devant entrainé son destruction physique totale ou partielle ;

d) Mesure visant à entraver les naissances au sein du groupe ;

e) Transfert forcé d'enfants du groupe à un autre groupe.

Sont également punis, les actes suivants :

a) le génocide ;

b) l'entente en vue de commettre le génocide ;

c) l'incitation directe et publique à commettre le génocide ;

d) la tentative de génocide ;

e) la complicité dans le génocide ».

2. Le statut du TPIR retient également les « violations graves » du droit humanitaire, notamment les crimes contre l'humanité qui se résument dans :

a) l'assassinat ;

b) l'extermination ;

c) la réduction en esclavage ;

d) l'expulsion ;

e) l'emprisonnement ;

f) la torture ;

g) le viol ;

h) les persécutions pour des raisons politiques raciales et religieuses ;

i) autres actes inhumains.

3. Les violations de l'article 3 commun aux conventions de Genève et du protocole additionnel II :

a) « les atteintes portées à la vie, à la santé et au bien-être ou mental des personnes en particulier le meurtre, de même que les traitements cruels tels que la torture, les mutilations ou toutes formes de peines corporelles ;

b) les punitions collectives ;

c) les prises d'otages ;

d) les actes de terrorisme ;

e) les atteintes à la dignité de la personne, notamment les traitements humiliants et dégradants, le viol, la contrainte à la prostitution et toute atteinte à la pudeur ;

f) le pillage ;

g) les condamnations prononcées et les exécutions sans jugement préalable rendu par un tribunal régulièrement constitué, assorti de garanties judiciaires reconnues comme indispensables par les peuples civilisés ;

h) la menace de commettre les actes précités ».

4. Les règles de compétence sont claires :

La compétence *ratione loci* du TPIR s'étend au territoire du Rwanda (espace terrestre et aérien) et aux territoires d'États voisins en cas de violations graves du droit international humanitaire.

La compétence *ratione temporis* s'étendant initialement du 1er janvier au 31 décembre 1994. Elle a été étendue aux années ultérieures.

Le TPIR et les juridictions nationales comme pour le TPIY sont concurremment compétentes pour juger les personnes présumées responsables de graves violations du droit humanitaire.

Toutefois, le TPIR a la primauté sur les juridictions nationales de tous les États. En effet, tel que le précise l'article 8 du statut :

« A tout stade de la procédure, il peut demander officiellement aux juridictions nationales de se dessaisir en sa faveur conformément au présent statut et à son règlement »

La règle *non bis in idem* joue de la même façon que pour le TPIY pour les cas de fait qualifié de crime de droit commun ou si la juridiction nationale n'a pas statué de façon impartiale ou indépendante (article 9 du statut) :

- nul ne peut être traduit devant la juridiction nationale s'il a déjà été jugé par le TPIR ;

- quiconque a été traduit devant la juridiction nationale pour ces faits ne peut subséquemment être traduit devant le TPIR que si ledit fait est qualifié de crime de droit commun ou si la juridiction nationale n'a pas statué de façon impartiale ou indépendante.

c. La procédure devant le TPIR

La procédure devant le tribunal international pour le Rwanda ne présente pas de particularités.

c.1- Le procureur

Le procureur est responsable de l'instruction des dossiers et de l'exercice de la poursuite contre les personnes présumées responsables de violations graves du droit humanitaire commises sur le territoire du Rwanda et les citoyens rwandais présumés responsables de telles violations sur les territoires d'États voisins entre le 1er janvier et le 31 décembre 1994.

Il ouvre d'office une information ou sur la foi des renseignements obtenus de toutes sources.

Il est habilité à interroger les suspects, les victimes et les témoins, à réunir les preuves et à procéder sur place aux mesures d'instruction.

c.2- Les chambres

Les juges de la chambre de première instance examine l'acte d'accusation et décide, au vu des présomptions, d'engager les poursuites en confirmant l'acte d'accusation.

La chambre veille à ce que le procès soit équitable et rapide.

L'accusé est informé des chefs d'accusation.

La chambre donne lecture de l'acte d'accusation.

Les audiences sont publiques à moins que la chambre de première instance ne décide de les tenir à huis clos conformément à son règlement de procédure et de preuve.

Les droits de l'accusé (égalité devant le TPIR, présomption d'innocence) sont garantis jusqu'à l'établissement de sa culpabilité.

D'autres garanties sont proclamées et reconnues :

- information sur les motifs de l'accusation dans le plus court délai et dans une langue qu'il comprend ;

- mise à disposition de moyens et du temps pour la préparation de sa défense ;

- possibilité de procéder à un contre-interrogatoire (*cross examination*) ;

- assistance gratuite d'un interprète.

La sentence est rendue en audience publique à la majorité des juges de la chambre de première instance.

La chambre n'impose que des peines d'emprisonnement inscrites dans la grille générale des peines d'emprisonnement appliquée par les tribunaux du Rwanda.

Elle peut être frappée d'appel.

Les recours en appel peuvent être introduits par les personnes condamnées ou par le procureur pour les motifs suivants:

- erreur sur un point de droit qui rend invalide la décision ;

- erreur de fait qui a entraîné un déni de justice.

La chambre d'appel peut confirmer ou réviser les décisions des chambres de première instance.

La décision peut aussi faire l'objet d'une révision au vue de la découverte d'un « fait nouveau » et décisif pour la décision.

c.3- Le greffe

Le greffe est chargé d'assurer l'administration et les services du tribunal pour le Rwanda.

c.4- Les États

1. Les états collaborent avec le TPIR à la recherche et au jugement des personnes accusées d'avoir commis des violations graves du droit international humanitaire.

Ils répondent sans retard à toute demande d'assistance concernant :

a) l'identification et la recherche des personnes ;

b) la réunion des témoignages et la production des preuves ;

c) l'expédition des documents ;

d) l'arrestation ou la détention des personnes ;

e) le transfert ou la traduction de l'accusé devant le tribunal.

2. Le TPIR siège à Arusha en Tanzanie.

La convention sur les privilèges et immunités des Nations Unies s'applique aux juges, au procureur et à son personnel.

Les dépenses du TPIR sont imputées sur le budget ordinaire de l'Organisation des nations unies.

Les langues de travail du TPIR sont l'anglais et le français.

d. La sanction des violations

Le TPIR est resté sur la « bonne voie »[1].

En décembre 2008, il y avait quinze (15) détenus pour cinq (05) procès en cours et quarante trois (43) personnes accusées pour trente quatre (34) jugements (annexe n° I), états des jugements.

1. « L'affaire J. P. Akayesu » Bourgmestre de Taba, constitue le premier cas de condamnation pour génocide. Elle est, à cet égard, historique.

2. Le TPIR annonce régulièrement d'autres affaires jugées, notamment celles relatives à Tharcisse Renzaho et à Callixte Kalimanzera :

- « *The international criminal tribunal for Rwanda today sentenced* Tharcisse Renzaho, *prefect of Kigali town and Colonel in the Rwandan armed forces in 1994, to life imprisonment. He was found guilty of genocide, crimes against humanity and serious violations of article 3 commune to the Geneva conventions and additional protocol II (war crimes) but acquitted of complicity to commit genocide*»[2].

- "*Trial chamber III of the international criminal tribunal for Rwanda to day sentenced* Callixte Kalimanzira, *former cabinet director of the ministry of interior, to 30 years imprisonment*"[3].

Toutefois, le TPIR a élaboré une stratégie d'achèvement de son mandat en 2010[4], consolidant ainsi la compétence de la Cour pénale internationale.

I.2- LA COUR PENALE INTERNATIONALE (CPI)

La Cour pénale internationale existe aujourd'hui avec le statut de Rome bien que confrontée à quelques difficultés.

---

[1] TPIR, Leçons du tribunal pénal international pour le Rwanda, *op cit.*, pp. 5-11.
Voir annexe n° I joint.

[2] ICTR/Info 9-2-604 en Arusha, Press release et Callixte Kalimanzera ICTR/Info 9-2-598 en Arusha, Press release 22 june 2009.

[3] *Ibid.*

[4] Voir document Complexion strategy of the international criminal tribunal for Rwanda, 14 may 2009.

La création d'une juridiction pénale internationale permanente a été jalonnée d'échecs patents. Michel Bélanger pour le signifier, parle d'une « longue marche » vers un tribunal pénal international[1].

Gustave Molinier, ami de Henri Dunant, échoua dans sa tentative de création d'une juridiction pour lutter contre les violations des conventions de Genève de 1864[2].

Les articles 220-227 du traité de Versailles ne purent permettre la création d'un tribunal pénal international pour juger l'ex empereur d'Allemagne Guillaume II de Hohenzollern.

Les tribunaux de Tokyo, de Khabarovsk et de Nuremberg ne furent que des tribunaux des vainqueurs de la Seconde Guerre mondiale.

L'Assemblée générale des Nations Unies par sa résolution 260 du 9 décembre 1948, allait relancer l'idée de création d'une juridiction pénale permanente, appuyée fermement par la nécessité de mettre en œuvre la convention sur la prévention et la répression du crime de génocide.

I.2.1- La compétence de la CPI

Le statut de Rome du 17 juillet 1998, en son article premier stipule que la Cour est créée en « tant qu'institution permanente ».

Elle est « complémentaire des juridictions criminelles nationales » et, « peut exercer sa compétence à l'égard des personnes, pour les crimes les plus graves ayant une portée internationale ».

La compétence de la cour est établie à l'égard de plusieurs infractions. L'article 5 du statut déclare à cet effet :

« La compétence de la Cour est limitée aux crimes les plus graves qui touchent l'ensemble de la communauté internationale. En vertu du présent statut, la Cour a compétence à l'égard des crimes suivants :

a) le crime de génocide,

b) les crimes contre l'humanité,

c) les crimes de guerre,

d) le crime d'agression ».

---

[1] BELANGER (M.), *Droit international humanitaire,op cit.*

[2] Voir GUSTAVE MOYNIER, « Note sur la création d'une institution judiciaire internationale propre à prévenir et à réprimer les infractions à la Convention de Genève », *Bulletin international des sociétés de secours aux militaires blessés*, n° 11, avril 1872, pp. 122-131.

a. Le crime d'agression

La Cour exercera sa compétence à l'égard du crime d'agression quand une disposition aura été adoptée. Elle devra être compatible avec les dispositions pertinentes de la Charte des Nations Unies.

b. Le crime de génocide

Il est entendu comme « l'un des actes ci-après commis dans l'intention de détruire, en tout ou en partie, un groupe national, ethnique, racial ou religieux ».

Il comprend les actes ci-après :

« a) Meurtre de membres du groupe ;

b) atteinte grave à l'intégrité physique ou mentale de membres du groupe ;

c) soumission intentionnelle du groupe à des conditions d'existence devant entraîner sa destruction physique totale ou partielle ;

d) mesures visant à entraver les naissances au sein du groupe ;

e) transfert forcé d'enfants du groupe à un autre groupe ».

c. Les crimes contre l'humanité

Ceux-ci s'entendent comme des actes commis dans le cadre d'une attaque généralisée ou systématique lancée contre une population civile et en connaissance de cette attaque.

Ils comprennent les actes ci-après :

« a) Meurtre, b) extermination, c) réduction en esclavage, d) déportation ou transfert de populations, e) emprisonnement ou autre forme de privation grave de liberté physique en violation des dispositions fondamentales du droit international, f) torture, g) viol, esclavage sexuel, prostitution forcée, grossesse forcée, stérilisation forcée et toute autre forme de violence sexuelle de gravité comparable, h) persécution de tout groupe ou de toute collectivité identifiable pour des motifs d'ordre politique, racial, national, ethnique, culturel, religieux ou sexiste, i) disparitions forcées, j) apartheid, l) autres actes inhumains de caractère analogue causant intentionnellement de grandes souffrances ou atteintes graves à l'intégrité physique ou à la santé physique ou mentale ».

d. Les crimes de guerre

Ces crimes doivent s'inscrire dans un plan ou une politique ou, faire partie d'une série de crimes analogues commis sur une grande échelle.

Ils comportent :

1. « Les infractions graves aux conventions de Genève du 12 août 1949 qui visent des personnes ou des biens protégés par les dispositions des conventions de Genève :

i) l'homicide intentionnel ;

ii) la torture ou les traitements inhumains, y compris les expériences biologiques ;

iii) le fait de causer intentionnellement de grandes souffrances ou de porter gravement atteinte à l'intégrité physique ou à la santé ;

iv) la destruction et l'appropriation de biens, non justifiées par des nécessités militaires et exécutées sur une grande échelle de façon illicite et arbitraire ;

v) le fait de contraindre un prisonnier de guerre ou une personne protégée à servir dans les forces armées d'une puissance ennemie;

vi) le fait de priver intentionnellement un prisonnier de guerre ou toute autre personne protégée de son droit d'être jugé régulièrement et impartialement ;

vii) les déportations ou transferts illégaux ou les détentions illégales ;

viii) les prises d'otages ».

2. « Les autres violations graves des lois et coutumes applicables aux conflits armés internationaux dans le cadre établi du droit international, à savoir les actes ci-après :

i) le fait de lancer des attaques délibérées contre la population civile en général ou contre des civils qui ne prennent pas directement part aux hostilités ;

ii) le fait de lancer des attaques délibérées contre les biens civils qui ne sont pas des objectifs militaires ;

iii) le fait de lancer des attaques délibérées contre le personnel, les installations, le matériel, les unités ou les véhicules employés dans le cadre d'une mission d'aide humanitaire ou de maintien de la paix conformément à la Charte des Nations Unies, pour autant qu'ils aient droit à la protection que le droit international des conflits armés garantit aux civils et aux biens de caractère civil ;

iv) le fait de lancer une attaque délibérée en sachant qu'elle causera incidemment des pertes en vies humaines et des blessures parmi la population civile, des dommages aux biens de caractère civil ou des dommages étendus, durables et graves à l'environnement naturel qui seraient manifestement excessifs par rapport à l'ensemble de l'avantage militaire concret et direct attendu ;

v) le fait d’attaquer ou de bombarder, par quelque moyen que ce soit, des villes, villages, habitations ou bâtiments qui ne sont pas défendus et qui ne sont pas des objectifs militaires ;

vi) le fait de tuer ou de blesser un combattant qui, ayant déposé les armes ou n’ayant plus de moyens de se défendre, s’est rendu à discrétion ;

vii) le fait d’utiliser le pavillon parlementaire, le drapeau ou les insignes militaires et l’uniforme de l’ennemi ou de l’Organisation des nations unies, ainsi que les signes distinctifs prévus par les Conventions de Genève, et, ce faisant, de causer la perte de vies humaines ou des blessures graves ;

viii) le transfert, direct ou indirect, par une puissance occupante d’une partie de sa population civile, dans le territoire qu’elle occupe, ou la déportation ou le transfert à l’intérieur ou hors du territoire occupé de la totalité ou d’une partie de la population de ce territoire ;

ix) Le fait de diriger intentionnellement des attaques contre des bâtiments consacrés à la religion, à l'enseignement, à l'art, à la science ou à l'action caritative, des monuments historiques, des hôpitaux et des lieux où des malades ou des blessés sont rassemblés, à condition qu'ils ne soient pas des objectifs militaires ;

x) Le fait de soumettre des personnes d'une partie adverse tombées en son pouvoir à des mutilations ou à des expériences médicales ou scientifiques quelles qu'elles soient, qui ne sont ni motivées par un traitement médical, dentaire ou hospitalier ni effectuées dans l'intérêt de ces personnes, et qui entraînent la mort de celles-ci ou mettent sérieusement en danger leur santé ;

xi) Le fait de tuer ou de blesser par traîtrise des individus appartenant à la nation ou à l'armée ennemie ;

xii) Le fait de déclarer qu'il ne sera pas fait de quartier ;

xiii) Le fait de détruire ou de saisir les biens de l'ennemi, sauf dans les cas où ces destructions ou saisies seraient impérieusement commandées par les nécessités de la guerre ;

xiv) Le fait de déclarer éteints, suspendus ou non recevables en justice les droits et actions des nationaux de la partie adverse ;

xv) Le fait pour un belligérant de contraindre les nationaux de la partie adverse à prendre part aux opérations de guerre dirigées contre leur pays, même s'ils étaient au service de ce belligérant avant le commencement de la guerre ;

xvi) Le pillage d'une ville ou d'une localité, même prise d'assaut ;

xvii) Le fait d'employer du poison ou des armes empoisonnées ;

xviii) Le fait d'utiliser des gaz asphyxiants, toxiques ou similaires, ainsi que tous liquides, matières ou procédés analogues ;

xix) Le fait d'utiliser des balles qui s'épanouissent ou s'aplatissent facilement dans le corps humain, telles que des balles dont l'enveloppe dure ne recouvre pas entièrement le centre ou est percée d'entailles ;

xx) Le fait d'employer les armes, projectiles, matières et méthodes de guerre de nature à causer des maux superflus ou des souffrances inutiles ou à frapper sans discrimination en violation du droit international des conflits armés, à condition que ces armes, projectiles, matières et méthodes de guerre fassent l'objet d'une interdiction générale et qu'ils soient inscrits dans une annexe au présent statut, par voie d'amendement adopté selon les dispositions des articles 121 et 123 ;

xxi) Les atteintes à la dignité de la personne, notamment les traitements humiliants et dégradants ;

xxii) Le viol, l'esclavage sexuel, la prostitution forcée, la grossesse forcée telle que définie à l'article 7, paragraphe 2, alinéa f, la stérilisation forcée ou toute autre forme de violence sexuelle constituant une infraction grave aux conventions de Genève ;

xxiii) Le fait d'utiliser la présence d'un civil ou d'une autre personne protégée pour éviter que certains points, zones ou forces militaires ne soient la cible d'opérations militaires ;

xxiv) Le fait de diriger intentionnellement des attaques contre les bâtiments, le matériel, les unités et les moyens de transport sanitaires, et le personnel utilisant, conformément au droit international, les signes distinctifs prévus par les conventions de Genève ;

xxv) Le fait d'affamer délibérément des civils comme méthode de guerre, en les privant de biens indispensables à leur survie, y compris en empêchant intentionnellement l'envoi des secours prévus par les conventions de Genève ;

xxvi) Le fait de procéder à la conscription ou à l'enrôlement d'enfants de moins de quinze ans dans les forces armées nationales ou de les faire participer activement à des hostilités ».

3. En cas de conflit armé ne présentant pas un caractère international, les violations graves de l'article 3 commun aux quatre conventions de Genève du 12 août 1949, à savoir l'un quelconque des actes ci-après commis à l'encontre de personnes qui ne participent pas directement aux hostilités, y compris les membres des forces armées qui ont déposé les armes et les personnes qui ont été mises hors de combat par maladie, blessure, détention ou par toute autre cause :

i) Les atteintes à la vie et à l'intégrité corporelle, notamment le meurtre sous toutes ses formes, les mutilations, les traitements cruels et la torture ;

ii) Les atteintes à la dignité de la personne, notamment les traitements humiliants et dégradants ;

iii) Les prises d'otages ;

iv) Les condamnations prononcées et les exécutions effectuées sans un jugement préalable, rendu par un tribunal régulièrement constitué, assorti des garanties judiciaires généralement reconnues comme indispensables » ;

4. « Les autres violations graves des lois et coutumes applicables aux conflits armés ne présentant pas un caractère international, dans le cadre établi du droit international, à savoir l'un quelconque des actes ci-après :

i) Le fait de diriger intentionnellement des attaques contre la population civile en tant que telle ou contre des personnes civiles qui ne participent pas directement aux hostilités ;

ii) Le fait de diriger intentionnellement des attaques contre les bâtiments, le matériel, les unités et les moyens de transport sanitaires, et le personnel utilisant, conformément au droit international, les signes distinctifs des conventions de Genève ;

iii) Le fait de diriger intentionnellement des attaques contre le personnel, les installations, le matériel, les unités ou les véhicules employés dans le cadre d'une mission d'aide humanitaire ou de maintien de la paix conformément à la Charte des Nations Unies, pour autant qu'ils aient droit à la protection que le droit international des conflits armés garantit aux civils et aux biens de caractère civil;

iv) Le fait de diriger intentionnellement des attaques contre des bâtiments consacrés à la religion, à l'enseignement, à l'art, à la science ou à l'action caritative, des monuments historiques, des hôpitaux et des lieux où des malades et des blessés sont rassemblés, pour autant que ces bâtiments ne soient pas des objectifs militaires;

v) Le pillage d'une ville ou d'une localité, même prise d'assaut ;

vi) Le viol, l'esclavage sexuel, la prostitution forcée, la grossesse forcée, telle que définie à l'article 7, paragraphe 2, alinéa f, la stérilisation forcée, ou toute autre forme de violence sexuelle constituant une violation grave à l'article 3 commun aux quatre conventions de Genève ;

vii) Le fait de procéder à la conscription ou à l'enrôlement d'enfants de moins de quinze ans dans les forces armées ou dans des groupes armés ou de les faire participer activement à des hostilités ;

viii) Le fait d'ordonner le déplacement de la population civile pour des raisons ayant trait au conflit, sauf dans les cas où la sécurité des civils ou des impératifs militaires l'exige;

ix) Le fait de tuer ou de blesser par traîtrise un adversaire combattant ;

x) Le fait de déclarer qu'il ne sera pas fait de quartier ;

xi) Le fait de soumettre des personnes d'une autre partie au conflit tombées en son pouvoir à des mutilations ou à des expériences médicales ou scientifiques quelles qu'elles soient, qui ne sont ni motivées par un traitement médical, dentaire ou hospitalier ni effectuées dans l'intérêt de ces personnes, et qui entraînent la mort de celles-ci ou mettent sérieusement en danger leur santé ;

xii) Le fait de détruire ou de saisir les biens d'un adversaire, sauf si ces destructions ou saisies sont impérieusement commandées par les nécessités du conflit ».

5. La Cour peut exercer sa compétence à l'égard des crimes précités si une situation est déférée au procureur par un État partie ou par le Conseil de sécurité des Nations Unies agissant en vertu du chapitre VII de la Charte.

Sauf déclaration déposée auprès du greffe d'un État qui consent à ce que la cour exerce sa compétence, elle n'est compétente *ratione temporis* qu'à l'égard des crimes commis après l'entrée en vigueur du statut pour cet État.

L'État qui procède au renvoi indique autant que possible les circonstances de l'affaire et produit des pièces à l'appui.

6. La Cour applique non seulement son statut et son règlement mais aussi « les traités applicables, les principes et règles du droit international y compris les principes établis du droit international des conflits armés ».

Elle ne dédaigne non plus et à défaut « les principes généraux du droit dégagés par la cour à partir des lois nationales représentant les différents systèmes juridiques du monde y compris les lois nationales des États sous la juridiction desquels tomberait normalement le crime ». Ces principes doivent être compatibles avec le présent statut de la Cour, le droit international, les règles et normes internationalement reconnues.

7. L'application et l'interprétation du droit par la Cour doivent être compatibles avec les droits de l'Homme « internationalement reconnus ». Elles doivent être exemptes de toute discrimination fondée sur des considérations telles que l'appartenance à l'un ou l'autre sexe, l'âge, la race, la couleur, la langue, la religion ou la conviction, les opinions politiques, l'origine nationale, ethnique ou sociale, la fortune, la naissance ou toute autre qualité.

Elle peut appliquer les principes et règles de droit tels qu'elle les a interprétés dans ses décisions antérieures.

Elle s'appui sur des principes généraux de droit pénal universellement reconnus tels que :

- le principe *non bis in idem* et nul ne peut être jugé par la cour pour des actes constitutifs de crimes pour lesquels il a été condamné ou acquitté.

En effet, quiconque a été jugé par une autre juridiction pour un comportement tombant sous le coup de la compétence de la cour, ne peur être jugé par la cour que si la procédure devant l'autre juridiction avait pour but de soustraire la personne concernée à sa responsabilité pénale pour des crimes relevant de la compétence de la cour. La même règle joue également si la procédure « n'a pas été au demeurant menée de façon indépendante ou impartiale ».

- Le principe *nullum crimen sine lege* qui veut qu'une personne ne soit responsable pénalement que si son comportement constitue au moment où il se produit un crime relevant de la compétence de la cour (article 22 du statut).

La critique faite à la compétence du tribunal de Nuremberg ne peut ici jouer.

- Le principe *nulla poerna sine lege* est également appliqué. Une personne condamnée par la cour ne peut l'être que conformément aux dispositions du présent statut. La cour dispose d'une grille de peines.

- Le principe de *non retroactivité rationae personae* joue puisque personne n'est responsable pour un comportement antérieur à l'entrée en vigueur du statut (article 24 du statut).

- La responsabilité pénale est individuelle à l'égard des personnes physiques.

« Quiconque commet un crime relevant de la compétence de la Cour est individuellement responsable » (article 25 du statut).

La Cour se déclare incompétente à l'égard des personnes de 18 ans au moment de la commission des faits.

Il est à noter que le statut de la Cour s'applique sans aucune distinction fondée sur la qualité officielle. En « particulier, la qualité officielle de chef d'État ou de gouvernement, de membre d'un gouvernement ou d'un parlement, de représentant élu ou d'agent d'un État, n'exonère en aucun cas de la responsabilité pénale » au regard du présent statut, pas plus qu'elle ne constitue un motif de réduction de la peine. Le cas Slobodan Milosevic chef de l'État serbe l'illustre à merveille.

Le supérieur hiérarchique est pénalement responsable des crimes relevant de la compétence de la Cour, commis par les subordonnés placés sous son autorité lorsqu'il n'a pas exercé le contrôle qui convenait sur ses subordonnés. Il doit avoir pris toutes les mesures nécessaires et raisonnables. En effet,

« Un chef militaire ou une personne faisant fonction de chef militaire est pénalement responsable des crimes relevant de la compétence de la cour commis par des forces placées sous son commandement et son contrôle effectifs ou sous son autorité et son contrôle effectifs, selon le cas lorsqu'il n'a pas exercé le contrôle qui convenait sur ces forces » (article 28 du statut).

Il doit avoir pris toutes les mesures nécessaires et raisonnables qui étaient en son pouvoir pour empêcher ou réprimer l'exécution ou pour en référer aux autorités compétentes aux fins d'enquêtes et de poursuites.

- Les crimes relevant de la compétence de la Cour ne se prescrivent pas. C'est la survivance d'un principe du droit de Nuremberg[1] proclamé ultérieurement par le droit international général et les statuts des tribunaux *ad hoc* (article 29 du statut de Rome).

- La Cour doit être convaincue de la culpabilité de l'accusé au-delà « de tout doute raisonnable. Par conséquent, « toute personne est présumée innocente jusqu'à ce que sa culpabilité ait été établie devant la Cour conformément au droit applicable » (article 66 du statut).

I.2.2- L'organisation de la CPI

L'organisation de la Cour pénale internationale s'inspire pour l'essentiel de celle des tribunaux internationaux *ad hoc* pour l'ex-Yougoslavie et pour le Rwanda.

Les organes de la Cour comportent la présidence, les chambres, le bureau du procureur et le greffe.

a. La présidence et les chambres

1. La présidence et les chambres du CPI sont constituées de juges élus en tant que membres à plein temps pour exercer leurs fonctions auprès de la Cour. Les juges sont élus au scrutin secret lors d'une réunion de l'assemblée des États parties convoquée à cet effet.

2. Ces juges sont choisis parmi des personnes jouissant d'une haute considération morale, connues pour leur impartialité et leur intégrité et réunissant les conditions requises dans leurs États respectifs pour l'exercice des plus hautes fonctions judiciaires.

Les candidats à un siège peuvent être présentés par tout État partie au présent statut. Tout candidat doit avoir une excellente connaissance et une pratique courante d'au moins une des langues de travail de la Cour.

Les États parties tiennent compte de la nécessité d'assurer dans la composition de la Cour :

---

[1] Voir BELANGER (M.), *op cit.*

i) la représentation des principaux systèmes juridiques du monde ;

ii) une représentation géographique équitable ;

iii) et une représentation équitable des hommes et des femmes.

La Cour ne peut comprendre plus d'un ressortissant du même État.

Les juges sont élus pour un mandat de neuf (09) ans, et désignés par tirage au sort au tiers pour un mandat de trois ans.

Les juges exercent leurs fonctions à plein temps au siège de la Cour et en toute indépendance. Ils tranchent à la majorité des juges.

Les juges peuvent être récusés chaque fois que leur impartialité pourrait être raisonnablement mise en doute pour un motif quelconque.

3. La présidence de la Cour se compose d'un président, des premier et second vice-présidents tous élus à la majorité absolue par les juges.

La présidence est chargée :

a) de la bonne administration de la Cour à l'exception du bureau du procureur ;

b) des autres fonctions qui lui sont conférées.

La présidence agit en coordination avec le procureur dont elle recherche l'accord pour toutes les questions d'intérêt commun (article 38 du statut).

4. La Cour est organisée en chambres ou sections. On a ainsi :

- la chambre d'appel, composée de tous les juges de sections ;

- la chambre de première instance où exercent trois juges ;

- et la chambre préliminaire composée par trois juges.

Il est à noter que les juges de la section d'appel ne siègent exclusivement que dans celle-ci.

b. Le bureau du procureur

1. Le bureau du procureur agit indépendamment en tant qu'organe distinct au sein de la Cour. Il est chargé de recevoir les communications et tout renseignement dûment étayé concernant les crimes relevant de la compétence de la Cour.

Il les examine, conduit les enquêtes et soutient l'accusation.

Les membres du parquet de la Cour ne sollicitent, ni n'acceptent d'instruction d'aucune source extérieure.

2. Le bureau est dirigé par le procureur qui a toute autorité sur la gestion et l'administration du bureau, les personnels, les installations et les ressources.

3. Le procureur présente trois (03) candidats pour chaque poste de procureur adjoint à pourvoir. Ils exercent leurs fonctions pendant neuf (09) ans et ne sont pas rééligibles à moins qu'il ne soit décidé d'un mandat plus court au moment de leur élection.

Le procureur et les procureurs adjoints doivent jouir d'une haute considération morale, avoir de solides compétences et une grande expérience pratique en matière de poursuites ou de procès relatifs aux questions pénales.

4. Ni le procureur ni les procureurs adjoints ne peuvent participer au règlement d'une affaire dans laquelle leur impartialité pourrait être mise en doute pour un motif quelconque.

Toute question relative à la récusation du procureur ou d'un procureur adjoint est tranchée par la chambre d'appel.

5. Le procureur peut ouvrir une enquête de sa propre initiative au vu des renseignements concernant des crimes relevant de la compétence de la Cour.

Il vérifie le sérieux des renseignements reçus. Il peut rechercher des renseignements supplémentaires auprès des États, d'organes de l'Organisation des Nations Unies, d'organisations intergouvernementales et non gouvernementales ou d'autres sources dignes de foi. Il peut recueillir des dépositions écrites ou orales au siège de la Cour.

Il soumet à la chambre préliminaire une demande d'autorisation d'ouverture d'une enquête. Celle-ci est accompagnée d'éléments justificatifs.

Il peut aussi conclure que les renseignements qui lui sont soumis ne justifient pas l'ouverture d'une enquête.

Le Conseil de sécurité de l'ONU peut demander un sursis à enquêter à douze mois en vertu du chapitre VII de la Charte.

c. Le greffe

Le greffe est dirigé par un greffier qui est le responsable principal de l'administration de la Cour. Il est assisté d'un greffier adjoint et, exerce ses fonctions sous l'autorité du président de la Cour.

Le greffier et le greffier adjoint doivent être des personnes de haute moralité et de grande compétence ayant une excellente pratique d'au moins une des langues de la Cour.

Avant leurs entrées en fonctions, le greffier et le greffier adjoint prennent comme les juges, le procureur ou les procureurs adjoints, un engagement solennel d'exercer leurs attributions en « toute impartialité et en toute conscience ».

Le greffier est élu à la majorité absolue par les juges lors d'un scrutin secret, en tenant compte des recommandations de l'assemblée des États parties. Il est rééligible une fois.

Le greffe comprend en son sein une division d'aide aux témoins et victimes. Il est le conseil des témoins et des victimes.

La Cour peut, dans des circonstances exceptionnelles, avoir recours à l'expertise du personnel mis à sa disposition à titre gracieux par les États parties.

I.2.3- La procédure devant la Cour pénale internationale

Le règlement de procédure et de preuve de la Cour entre en vigueur dès son adoption par l'assemblée des États parties, à la majorité des deux tiers de ses membres.

Il doit être conforme au statut de la Cour et les statuts prévalent en cas de conflit.

Après consultation du procureur et du greffier, les juges adoptent à la majorité absolue, le règlement nécessaire au fonctionnement quotidien de la Cour.

a. La procédure globale

Le président veille à ce que la procédure soit conduite de manière équitable et impartiale. Globalement, en ce qui concerne les preuves, la Cour applique le **règlement de procédure et de preuve**.

Elle n'exige pas la preuve de faits notoires mais, en dresse tout simplement le contact judiciaire.

La Cour doit être convaincue de la culpabilité de l'accusé au-delà de tout doute raisonnable.

L'accusé a droit à la garantie de ses droits :

- jugement sans retard excessif ;

- information dans le plus court délai de la nature, de la cause et de la teneur des charges ;

- préparation de la défense avec les moyens nécessaires ;

- « *cross examination* » des témoins à charge ;

- ne pas se voir imposer le renversement de la charge de la preuve ;

- droit à la déclaration orale ou écrite sans serment…

L'accusé bénéficie gratuitement de l'aide d'un interprète compétent s'il est interrogé dans une langue qu'il ne comprend pas.

La Cour prend les mesures propres à protéger la sécurité, le bien-être physique et psychologique, la dignité et le respect de la vie privée des victimes et des témoins.

Nul n'est obligé de témoigner contre soi-même, ni de s'avouer coupable. Et nul ne peut être soumis à aucune forme de coercition, de contrainte ou de menace, ni de torture ou autre forme de peine ou traitement cruel, inhumain ou dégradant.

La Cour jouit sur le territoire des États parties des privilèges et immunités nécessaires à l'accomplissement de sa mission.

b. Le procureur

Le procureur, après évaluation, ouvre une enquête. Pour prendre sa décision, il examine :

- si les renseignements en sa possession fournissent une base raisonnable pour poursuivre ;

- si l'affaire est recevable au titre du Statut, conformément à son article 17 (objet d'une enquête ou de poursuites d'un État, affaire pas suffisamment grave pour la Cour…) ;

- s'il y a des raisons sérieuses de penser, compte tenu de la gravité du crime et des intérêts de la victime, qu'une enquête servirait les intérêts de la justice.

Il peut également conclure qu'il n'y a pas de base suffisante pour engager des poursuites.

Le procureur, pour établir la vérité, étend l'enquête à tous les faits et éléments de preuve qui peuvent être utiles pour déterminer s'il y a responsabilité pénale.

Il doit respecter les droits des personnes et peut enquêter sur le territoire d'un État.

Dans l'exercice de leurs fonctions, les juges, le procureur, les procureurs adjoints et le greffier jouissent des privilèges et immunités accordés aux chefs de missions diplomatiques. De même, les avocats experts et témoins dont la présence est requise au siège de la Cour, bénéficient du traitement nécessaire au bon fonctionnement de la Cour conformément à l'accord sur les privilèges et immunités de la Cour.

c. Les chambres

La chambre préliminaire prend toutes les mesures nécessaires pour recueillir ou préserver les éléments de preuve.

Elle peut sur requête du procureur, rendre des ordonnances et délivrer les mandats qui lui sont nécessaires aux fins d'enquête, solliciter tout autre concours nécessaire, autoriser le procureur à prendre certaines mesures d'enquête sur le territoire d'un État partie sans s'être assurée de la coopération de cet État.

Elle peut solliciter la coopération des États lorsqu'un mandat d'arrêt ou une citation à comparaître a été délivré en tenant compte de la force des éléments de preuve.

Elle délivre la citation à comparaître avec ou sans conditions restrictives de libertés et avec une référence à la date de comparution.

Elle est avisée de toute demande de mise en liberté provisoire et fait des recommandations à cet effet à l'État dans lequel la détention est censée être exécutée.

Elle peut délivrer un mandat d'arrêt pour garantir la comparution d'une personne qui a été mise en liberté provisoire.

Elle peut tenir une audience pour confirmer les charges sur lesquelles le procureur entend se fonder pour **requérir le renvoi en jugement**.

En cas de confirmation des charges contre la personne en jugement, la chambre préliminaire renvoie devant la chambre de première instance.

Le procès se tient au siège de la Cour, c'est-à-dire à La Haye, et en présence de l'accusé, sauf s'il en est décidé autrement.

Toutefois, il peut être ordonné son expulsion si l'accusé trouble de manière persistante le déroulement du procès.

Les chambres peuvent ordonner le *huis clos* par exception au **principe de publicité**.

d. Le greffe

Le greffe est responsable des aspects non judiciaires de l'administration et du service de la Cour.

e. Les États

La coopération de la Cour avec les États et les organisations internationales tient une place particulière. D'ailleurs, une codification suffisamment précise en élabore les grandes lignes. Celle-ci se rapporte à l'obligation générale de coopérer, aux modalités et procédure du rassemblement des éléments de preuves…

a) L'obligation générale de coopérer résulte de l'article 86 du statut qui stipule que : « les États parties coopèrent pleinement avec la Cour dans les enquêtes et les poursuites qu'elle mène pour les crimes relevant de sa compétence » ;

b) Les modalités de déroulement de cette coopération à la procédure sont diverses :

- la Cour est habilitée à adresser des demandes de coopération aux États parties. Elle peut demander des renseignements ou des documents à toute organisation intergouvernementale ;

- la Cour peut s'en référer au Conseil de sécurité ou à l'assemblée des États parties si un État partie n'accède pas à une demande de coopération ou, l'empêche d'exercer les fonctions et les pouvoirs que lui confère le statut.

Michel Bélanger qualifie cette procédure de « *trigger mechanism* », entendez mécanisme d'activation[1] pour lequel quatre éléments sont à retenir :

- le principe *non bis in idem* est à respecter ;

- les procédures prévues par la loi nationale doivent être respectées ;

- l'État partie peut invoquer la « *secrète défense* » pour la sécurité nationale ;

- les demandes d'assistance de la Cour peuvent concerner l'identification d'une personne, le lieu où elle se trouve ou la localisation des biens ;

c) Le rassemblement des éléments de preuves y compris les dispositions faites sous serment, la production des éléments de preuves, les expertises et les rapports dont la Cour a besoin, l'interrogatoire des personnes faisant l'objet d'une enquête ou de poursuite ;

d) La signification de documents y compris les pièces de procédure ;

e) Les mesures propres à faciliter la comparution volontaire devant la Cour de personnes déposant comme témoins ou experts ;

f) Le transfèrement temporaire des personnes ;

g) L'examen des localités ou des sites notamment l'exhumation et l'examen des cadavres enterrés dans les fosses communes ;

h) L'exécution de perquisitions et saisies ;

i) La transmission de dossiers et de documents, y compris les dossiers et documents officiels ;

j) la protection des victimes et témoins et la préservation des éléments de preuve ;

k) l'identification, la localisation, le gel ou la saisie du produit des crimes, des biens, des avoirs et des instruments liés aux crimes ;

l) toute autre forme d'assistance non interdite par la législation de l'État requis…

L'État requis peut consulter la Cour lorsqu'une demande soulève des difficultés.

---

[1] Voir BELANGER (M.), *Droit international humanitaire général*, *op cit*, p. 139.

La Cour ne peut poursuivre l'exécution d'une demande qui contraindrait un État requis à agir de façon incompatible avec les obligations qui lui incombent en droit international en matière d'immunité d'État ou d'immunité diplomatique d'une personne ou de biens d'États (article 98).

Elle pourrait obtenir de façon préalable la coopération de cet État.

I.2.4- Les peines, l'appel ou la révision devant la CPI

a. Les peines encourues devant la CPI

La CPI sanctionne les violations du droit international humanitaire dans le cadre des crimes relevant de sa compétence tel que le précise l'article 5 de son statut.

1. L'établissement de la culpabilité et le prononcé de la condamnation se font par la chambre de première instance qui fixe la peine à appliquer en tenant compte des conclusions et des éléments de preuve pertinents présentés au procès.

2. La sentence est prononcée en audience publique et en présence de l'accusé lorsque cela est possible.

3. En vertu de l'article 77 du statut, la Cour prononce contre une personne déclarée coupable d'un des crimes susvisés, des **peines** suivantes :

a) une peine d'emprisonnement à temps de 30 ans ;

b) une peine d'emprisonnement à perpétuité, si la gravité du crime et la situation personnelle du condamné le justifient.

A la peine d'emprisonnement, la Cour peut ajouter :

c) une **amende** fixée selon le règlement de procédure et de preuve ;

d) la confiscation des profits, biens et avoirs tirés directement ou indirectement du crime, sans préjudice des droits des tiers de bonne foi.

L'exécution d'une peine d'emprisonnement est soumise au contrôle de la Cour. Elle se conforme aux règles conventionnelles internationales largement acceptées en matière de traitement des détenus.

b. L'appel ou la révision

b.1- L'appel

1. L'article 81 du statut prévoit l'appel contre une décision de culpabilité ou de peine.

En effet, le procureur ou le condamné « peut, conformément au règlement de procédure et de preuve », interjeter appel au motif d'une disproportion entre la peine et le crime. Ils peuvent également le faire s'il existe des motifs justifiant une réduction de la peine.

2. La procédure d'appel obéit aux modalités suivantes :

a) le procureur peut interjeter appel pour l'un des motifs ci-après : vice de forme, erreur de fait, erreur de droit ;

b) la personne déclarée coupable ou le procureur au nom de cette personne, peut interjeter appel pour : vice de procédure, erreur de fait, erreur de droit, tout autre motif pouvant compromettre l'équité ou la régularité de la décision ou de la procédure.

3. D'autres décisions peuvent également faire l'objet d'un appel :

- décision sur la compétence ou la recevabilité ;

- décision accordant ou refusant la mise en liberté de la personne faisant l'objet d'une enquête ou de poursuites ;

- décision de la chambre préliminaire d'agir de sa propre initiative ;

- décision soulevant une question de nature à affecter de manière appréciable le déroulement équitable et rapide de la procédure ou l'issue du procès ;

- décision relative aux mandats d'enquête sur le territoire d'un État…

4. En cas d'appel, la chambre d'appel a tous les pouvoirs de la chambre de première instance.

Elle peut conclure que la procédure faisant l'objet de l'appel est viciée, et qu'elle porte atteinte à la régularité de la décision ou de la condamnation, ou qu'elle est sérieusement entachée d'une erreur de fait ou de droit. Elle peut alors :

a) annuler ou modifier la décision ou la condamnation ;

b) ordonner un nouveau procès devant une chambre de première instance différente, désignée à cet effet.

L'arrêt de la chambre d'appel est adopté à la majorité des juges et rendu en audience publique. Il est motivé et, lorsqu'il n'y a pas unanimité, il convie les vues de la majorité et de la minorité.

Un juge peut, de même, présenter une opinion individuelle ou une opinion dissidente sur une question de droit.

La chambre peut prononcer un arrêt en l'absence de la personne acquittée ou condamnée.

Elle peut également rendre contre un condamné une ordonnance indiquant la réparation qu'il convient d'accorder aux victimes ou à leurs ayants droit.

b.2- La révision

La chambre d'appel peut aussi être saisie d'une requête en révision.

Celle-ci peut être faite à la demande du procureur agissant au nom de la personne condamnée, déclarée coupable ou, par les ayants droit (conjoint, enfants, parents, toute autre personne vivant au moment du décès de la personne coupable).

La révision est introduite lorsque :

a) il a été découvert un fait nouveau, non connu au moment du procès et qui aurait entraîné un verdict différent s'il avait été établi ;

b) il a été découvert qu'un élément de preuve décisif, retenu lors du procès et sur la base duquel la culpabilité a été établie, était faux, contrefait ou falsifié ;

c) un ou plusieurs juges qui ont participé à la décision sur la culpabilité ou qui ont confirmé les charges, ont commis dans cette affaire une **faute lourde** ou un manquement à leurs devoirs d'une gravité suffisante.

Dans tous les cas, la chambre d'appel en pareil circonstance est souveraine. Elle peut réunir à nouveau la chambre de première instance qui a rendu le jugement initial, constituer une nouvelle chambre de première instance ou rester saisie de l'affaire afin de déterminer si le jugement doit être révisé (article 84 du statut).

I.2.5- Les difficultés de la Cour pénale internationale

L'existence de la Cour pénale internationale constitue un progrès indéniable.

Toutefois, de sérieux handicaps dérivant de sa propre convention et de son fonctionnement jusqu'aujourd'hui font que le CPI, pour un certain nombre d'observateurs, soit perçu comme un tribunal pour « petits ».

a. Les États réfractaires à l'application du statut de Rome sur la CPI

Le statut de Rome est une convention internationale. Il ne s'impose que dans le cadre du principe *pacta sunt servanda.*

De nombreux États dont les États unis d'Amérique en têtes s'opposent à l'application du statut de Rome sur la CPI dans leurs territoires et sur leurs ressortissants.

a.1- Les États-Unis d'Amérique

Les États unis ont signé la Convention de Rome, mais ne l'ont pas ratifiée.

Ils exercent des pressions importantes sur les États s'apprêtant à ratifier le statut par l'interruption de l'aide économique, la fin d'avantages douaniers, etc.

Ils ont développé un système d'accords bilatéraux avec des États (Egypte, Maroc, Afghanistan, Bulgarie, Colombie, RD Congo) qui garantissent que les Américains qui seraient amenés à répondre de leurs actes devant la CPI soient rapatriés aux États-Unis.

« *L'American service member's protection act* » a été votée en 2002 à l'effet de soustraire les soldats américains à la compétence de la CPI.

Une lettre du 6 mai 2002 adressée au Conseil de sécurité estimait que le traité de Rome porte atteinte à la souveraineté des États-Unis.

Les États-Unis redoutent en effet que la Cour, organisme «incontrôlé » selon le qualificatif du secrétaire américain à la Défense de l'époque, Donald Rumsfel, accuse injustement les soldats américains, des crimes uniquement politiques dans les pays étrangers.

Cette attitude des États-Unis dénote du refus d'un égal traitement de cet État en matière de droit international et d'une tentative de mettre les citoyens américains au-dessus de la loi internationale.

a.2- Les autres États réfractaires

Les États réfractaires à l'application partielle ou totale de la Convention de Rome sur la CPI sont nombreux. Au rang de ces États peuvent être évoqués la France, la Fédération de Russie, Israël et autres.

1. Quoique impliqué dans un conflit au Proche-Orient, Israël a signé le traité de la CPI mais, refuse de le ratifier. Il s'est mis ainsi hors de portée de la juridiction pénale internationale.

2. La fédération de Russie impliquée dans les conflits dans le Caucase n'a pas non plus ratifié le traité de Rome sur la CPI.

3. La République populaire de Chine s'est également opposée au tribunal, faisant prévaloir les arguments suivants :

i) la CPI va contre la souveraineté des États-nations ;

ii) le principe de la complémentarité donne au tribunal la capacité d'inférer avec le système national de juridiction ;

iii) la juridiction sur les crimes de guerre couvre à la fois des conflits internes et internationaux ;

iv) la juridiction de la CPI couvre les crimes contre l'humanité en temps de paix ;

v) l'inclusion du crime d'agression affaiblit le rôle du Conseil de sécurité ;

vi). Le droit du procureur à déposer les actes d'accusation peut placer la Cour sous une influence politique.

Le Soudan a signé la convention le 8 septembre 2000. Il a fait part de son retrait le 26 août de la même année, après la mise en accusation de son président Omar El Béchir pour crime contre l'humanité et crime de guerre.

4. La République française a adopté une autre attitude pleine de réserve.

Elle a ratifié la convention mais, a assorti sa ratification de trois déclarations[1] :

1° Une déclaration interprétative déclare que les dispositions du statut de la Cour pénale internationale ne font pas obstacle à l'exercice par la France de son droit naturel de légitime défense, ne sauraient ni réglementer ni interdire l'emploi éventuel de l'arme nucléaire, l'exercice par la France de son droit naturel de légitime défense à moins que l'arme nucléaire ou les autres ne fassent l'objet dans l'avenir d'une interdiction générale et ne soient inscrites dans une annexe au statut.

Cette déclaration a également précisé le sens que la République française donne à diverses notions :

- le terme de « conflit armé » indique une situation de guerre qui ne comprend pas la commission des crimes ordinaires y compris les actes de terrorisme qu'ils soient collectifs ou isolés ;

- « L'avantage militaire » désigne l'avantage attendu de l'ensemble de l'attaque et non de parties isolées ou particulières de l'attaque ;

- « L'objectif militaire » s'entend d'une zone spécifique qui, à cause de sa situation ou de sa nature, de son utilisation ou de son emplacement, offre un avantage militaire décisif en cas de destruction totale ou partielle compte tenu des circonstances du moment.

Le gouvernement français exclut les éventuels dommages collatéraux résultant des attaques dirigées contre les objectifs militaires. Il considère que le risque de dommages à l'environnement naturel résultant des méthodes et moyens de guerre, doit être analysé objectivement sur la base de l'information disponible au moment où il est apprécié.

2° Une déclaration de la France relative **à l'article 87** dit que la République française déclare « que les demandes de coopération et les pièces justificatives y afférentes qui lui seront adressées par la Cour devront être rédigées en langue française ».

3° Et une déclaration relative à **l'article 124** stipule que la République française « n'accepte pas la compétence de la Cour en ce qui concerne la

[1] Voir décret n° 2002/925 du 6 juin 2002 (JORF, 11 juin 2002 p. 10. 327).

catégorie de crimes visée à l'article 8, lorsqu'il est allégué qu'un crime a été commis sur son territoire ou par ses ressortissants ».

b. La CPI, un tribunal pour Africains

1. La défection de quelques États (États-Unis, Israël, Russie et République populaire de Chine) couvre la CPI d'une détestable réputation de tribunal pour les petits pays et pour les Africains.

2. La Cour pénale internationale s'est pour son malheur contentée uniquement de procès contre les africains.

D'où la critique fondamentale de l'Union africaine par son ancien président Jean Ping qui « regrette que la justice internationale ne semble appliquer les règles de la lutte contre l'impunité qu'en Afrique comme si rien ne se passait ailleurs, en Irak, à Gaza, en Colombie ou dans le Caucase ou au Kenya ».

3. La Cour s'est intéressée à quelques chefs de guerre à propos des crimes commis en République démocratique du Congo (RDC), en Ouganda, au Soudan (Darfour) et en République centrafricaine (RCA).

Les poursuites en Ouganda étaient orientées contre les dirigeants de l'**armée de résistance du seigneur** de Joseph Kognié (Voir annexe I).

En République démocratique du Congo (RDC), elles ont concerné les personnes impliquées dans les massacres d'Ituri (Tregwas), les conscriptions forcées des jeunes Kadrogo (Thomas Lu Bango Dyilo).

La République centrafricaine elle, est concernée par les viols (Jean Pierre Bemba) et les crimes à caractère sexuel (Voir annexe I).

4. L'audace de la Cour pénale internationale ne s'est manifestée que contre un chef d'État africain, celui du Soudan, M. Omar El Béchir (Voir annexes n°II-A).

La Cour a émis un mandat d'arrêt et a décidé de le poursuivre pour crimes de guerre et crimes contre l'humanité commis durant la guerre civile au Darfour.

Il faut rappeler qu'aux termes du statut de Rome (article 27-1e alinéa), « la qualité officielle de chef de l'État ou de gouvernement, de membre d'un gouvernement ou d'un parlement, de représentant élu ou d'agent d'un État n'exonère en aucun cas de la responsabilité pénale au regard du présent Statut pas plus qu'elle constitue un motif de réduction de la peine ».

L'alinéa 2 de l'article sus-évoqué précise que les « immunités ou règles de procédure spéciales qui peuvent s'attaquer à la qualité officielle d'une personne, en vertu du droit interne ou du droit international n'empêchent pas la Cour d'exercer sa compétence à l'égard de cette personne ».

Par solidarité, l'Afrique à travers la résolution du 4 juillet 2009 de l'Union africaine, refuse d'appliquer les mandats de la CPI, renvoyant le problème à la compétence nationale des États.

Cette position est d'ailleurs confortée par l'attitude de Nkosazana Dlamini-Zuma, actuel président de l'Union africaine qui trouve judicieux d'associer Omar El Béchir au processus de paix en cours au Soudan, plutôt que de le transférer et le faire juger par la CPI.

II- LA SANCTION PAR LES JURIDICTIONS NATIONALES

Une distinction est à faire entre les juridictions purement nationales et les juridictions mixtes.

II.1- LE RENVOI AUX JURIDICTIONS NATIONALES

Trois cas peuvent se présenter :

- le renvoi à la compétence nationale par les conventions humanitaires ;

- l'auto compétence proclamée par la législation nationale comme le Rwanda ;

- la revendication d'une compétence nationale universelle par un État comme la Belgique, l'Allemagne ou la France.

II.1.1- Le renvoi à la compétence nationale par les conventions humanitaires

1. Le droit de Genève, comme le droit de La Haye, recense de nombreuses infractions au droit international humanitaire et particulièrement les infractions dites graves (articles 49 et 50 de la convention I de Genève de 1949).

Jean Pictet note que le premier principe de cet ensemble de normes est qu'une infraction entraîne la responsabilité de l'État auquel elle est imputable.

L'originalité du système réside dans la répression des infractions graves. Pour ces infractions, les conventions instituent une double responsabilité, celle de l'État et celle de l'individu qui ne peut se soustraire en s'abritant derrière le principe de l'«ordre reçu ».

La conséquence de tout ceci réside dans l'obligation conventionnelle de rechercher et de punir les infractions. Elle s'impose à tous, États parties, belligérants ou neutres.

2. Les obligations conventionnelles renvoient dès lors à l'État pour prendre les mesures nécessaires[1].

---

[1] Voir articles 49 (convention I), 50 (convention II), 129 (convention III) et 126 (convention IV).

« Les Hautes parties contractantes s'engagent à prendre toute mesure législative nécessaire pour fixer les sanctions pénales adéquates à appliquer aux personnes ayant commis, ou donné l'ordre de commettre, l'une ou l'autre des infractions graves » définies par les conventions de Genève.

L'État partie aux conventions a donc l'obligation de déférer les coupables devant un tribunal interne ou international.

Les conventions créent ainsi une compétence nationale.

Par ailleurs, les conventions prévoient aussi une obligation d'ouvrir une enquête selon le mode à fixer entre les parties intéressées sur toute violation alléguée.

Les juridictions nationales peuvent être saisies et les codes criminels des États peuvent être appliqués.

3. Le grand problème ou le grand danger d'un renvoi à la compétence nationale des États est de voir ceux-ci déshumaniser les infractions et avoir tendance à s'écarter des normes internationalement reconnues du droit international humanitaire et des normes de traitement des combattants et des victimes.

Les États-Unis constituent à cet effet un exemple patent et dangereux.

Ils ont créé des traitements avatars dans leur guerre contre les terroristes : « *battle field detainees* » enfermés et jugés dans la base américaine de la baie de Guantanamo depuis 2002.

Ces détenus n'ont bénéficié ni du statut de prisonniers de guerre, ni de celui de prisonniers civils, encore moins de l'article 3 commun aux conventions de Genève.

Decaux affirme avec raison qu' « il n'est pas possible de créer un *no man's land* juridique » c'est-à-dire une zone territoriale de non-droit[1].

Les juridictions américaines rivalisent d'astuce pour trancher ces problèmes.

Deux arrêts de la Cour suprême (Yasser Hamdi Vs George Bush et Shafik Rasul Vs Rumsfeld juin 2004) ont reconnu aux personnes détenues comme « combattants ennemis » ou « irréguliers » le droit de saisir les tribunaux américains et ne se sont pas prononcés sur leur qualité de combattants.

La Cour suprême a également invalidé « les commissions militaires » chargées de juger ceux-ci (affaire Hamdan Vs Rumsfeld du nom de l'ancien chauffeur d'Ossama Ben Laden). Elle a reconnu qu'il y a lieu d'appliquer l'article 3 commun aux conventions de Genève.

---

[1] DECAUX (E.), *Droit international public*, Paris, Dalloz, Coll. Hyper, Edition 2002, p. 249. BELANGER (M.), *Op cit.*, pp. 81-82.

Toutefois, la loi américaine du 17 octobre 2006 déclare que le président des États-Unis a le droit d'interpréter le sens et l'application des conventions de Genève.

II.1.2- La République du Rwanda, un cas de mise en œuvre interne de juridiction nationale

Le cas de la République du Rwanda illustre la mise en œuvre interne de la sanction des infractions au droit humanitaire et des problèmes que cela peut soulever

Deux systèmes parallèles coexistent :

- celui des chambres spécialisées,

- et celui des *Gacaca* (prononcer gatchacha).

a. Les chambres spécialisées

La création des chambres spécialisées fait suite à la promulgation de la loi organique du 30 août 1996 de la République du Rwanda portant organisation des poursuites des infractions commises à partir du 1er octobre 1996 et constitutives du crime de génocide ou de crimes contre l'humanité.

Lesdits crimes répondent aux définitions des conventions internationales concernées et ratifiées par le Rwanda : convention du 9 décembre 1948, conventions de Genèse du 12 août 1949 et convention de novembre 1968 sur l'imprescriptibilité des crimes de guerre.

Les tribunaux de première instance et les juridictions militaires, seuls compétents abritent les chambres spécialisées. Celles-ci comprennent plusieurs sièges et, sont composées de trois magistrats et du ministère public.

L'auditeur militaire général près la cour militaire désigne et dirige les officiers du ministère public près de la chambre spécialisée du conseil de guerre et, le procureur général près la cour d'appel en fait autant pour les chambres spécialisées des tribunaux de première instance.

Au titre de la loi organique du 30 août 1996, les sanctions des infractions concernent :

- la personne qui a agi en position d'autorité au niveau national, préfectoral, communal, du secteur ou de la cellule, au sein des partis politiques, de l'armée, des confessions religieuses ou des milices, qui a commis des infractions ou qui a encouragé les autres à le faire ;

- le meurtrier de grand renom, qui s'est distingué dans le milieu où il résidait ou partout où il est passé, à cause du zèle qui l'a caractérisé dans les tueries ou de la méchanceté excessive avec laquelle elles ont été exécutées ;

- la personne qui a commis des actes de torture sexuelle.

Toutefois, les chambres spécialisées sont compétentes pour juger les personnes de la catégorie 1. Celle-ci comprend aux termes de la loi :

- la personne que les actes criminels ou de participation criminelle rangent parmi les **planificateurs**, les organisateurs, les incitateurs, les superviseurs et les encadreurs.

Les peines imposées par les infractions visées par la loi sont celles prévues par le Code pénal.

Les personnes de première catégorie encourent la **peine de mort** et pour celles de la catégorie 2, elle est remplacée par l'**emprisonnement à perpétuité**.

Les jugements des chambres spécialisées sont susceptibles d'opposition et d'appel dans un délai de quinze jours (article 2a de la loi).

Le procureur général près la Cour suprême peut prendre l'initiative mais dans le seul intérêt de la loi, se pourvoir en cassation contre toute décision en degré d'appel qui serait contraire à la loi (article 26).

Il est à retenir l'usage « de la procédure d'aveu et de plaidoyer de culpabilité » devant ces chambres spécialisées (chapitre III de la loi).

Le jugement prompt de toutes les personnes impliquées dans les actes de génocide de 1994 s'est avéré difficile, ce pour plusieurs raisons :

- la population carcérale des détenus était très importante, soit 120 000 personnes fin novembre 1999[1] ;

- le nombre de magistrats en service et disponibles était insuffisant[2].

- et le coût élevé des opérations (2 000 000 000 Fw) représentaient les deux tiers (2/3) du budget du ministère de la Justice[3].

D'où le recours à un autre système, celui de justice participative dénommé « Gacaca ».

b) Les *Gacaca*

La réflexion sur le recours au système de justice participative « Gacaca » a été l'objet de discussions engagées dès 1998 dans le cadre des réunions tenues au « Village Uruguiro » sous le patronage du président de la République du Rwanda.

---

[1] Voir République du Rwanda, Cour suprême, département des juridictions, *Gacaca*. Les juridictions Gacaca comme solution alternative au règlement du contentieux du Génocide, Kigali, octobre 2003, pp. 5-8.

[2] *Ibid.*

[3] *Ibid.*

L'idée de recours au système traditionnel de règlement des différends fut retenue suivant l'avis de la majorité.

Le souci étant d'éradiquer le sentiment d'impunité et, de reconstruire le tissu social grâce aux témoignages des populations du lieu où les infractions ont été commises.

Il était attendu de ce processus quatre résultats :

- la reconstitution de tout ce qui s'est passé ;

- la réconciliation des Rwandais et le renforcement de leur unité ;

- l'accélération des procès de plus de 120 000 cas pour plus de 11 000 « juridictions Gacaca », alors que la tâche était assumée par 12 chambres spécialisées ;

- l'éradication de la culture de l'impunité.

II.2- ORGANISATION, FONCTIONNEMENT, COMPETENCE ET PROCEDURES DES « JURIDICTIONS GACACA »

La loi organique n° 40/2000 du 26 janvier 2007 va porter création des « juridictions Gacaca » et organisation des poursuites des infractions constitutives du crime de génocide ou de crimes contre l'humanité, commises entre le 1er octobre 1990 et le 31 décembre 1994[1].

II.2.1- Organisation des *gacaca*

Les « Gacaca » présente une originalité qui tient à la fois de leurs juridictions et des structures organiques qui les composent.

a. Les «juridictions des gacaca »

Les *gacaca* ont une distribution et une compétence territoriale simple. Elles comprennent quatre niveaux de juridictions renvoyant aux unités administratives que sont la cellule, le secteur, le district et la province.

1. La *gacaca* de cellule constitue un modèle. Elle contribue à la confection de la liste des personnes qui habitaient la Cellule ainsi que de celle des victimes des infractions commises et qui présente les moyens de preuve à charge ou à décharge.

2. Les g*acaca* du secteur, du district et de la province quant à eux fonctionnent comme les juridictions pour chacune de ces localités. Leurs « Assemblée générale » ont pour rôle de :

---

[1] Voie VAUDERGINSTE (Stef*), Les juridictions Gacaca et la poursuite des preuves auteurs du Génocide et des crimes contre l'humanité au Rwanda*, L'Afrique des grands lacs annuaires 1999-2000, pp.2-18.
République du Rwanda, Cour suprême, département des juridictions Gacaca, *op cit*.

- élire les membres du siège de la juridiction et pour les « juridictions Gacaca » des secteurs et des districts, désigner en leur sein des personnes à déléguer à la « juridiction Gacaca » supérieure ;

- élire les remplaçants des membres empêchés ;

- constituer, si nécessaire, des sièges supplémentaires ;

- fournir les moyens de preuve à charge ou à décharge ;

- examiner et adopter le rapport d'activités établi par le Comité de coordination ».

b. Les organes des « juridictions Gacaca »

Conformément à l'article 5 de la loi organique n° 40/2000, les « juridictions Gacaca » possèdent trois (03) organes :

- une assemblée générale,

- un siège,

- et un comité de coordination.

1. L'**assemblée générale** de la « juridiction Gacaca » de la cellule est composée de tous les habitants de la cellule âgés au moins de dix huit (18) ans révolus.

Celle du niveau supérieur est composée de délégués des « juridictions Gacaca » du niveau inférieur. La loi fixe le minimum des membres à cinquante (50) personnes pour ces échelons.

2. Le **siège** de la « juridiction Gacaca » est composé de dix neuf (19) personnes élues par l'Assemblée générale. Ces personnes doivent être intègres.

La loi organique n° 40/2000 a été modifiée dans certaines de ses dispositions.

L'article 7 de la nouvelle loi organique (n° 33/20001 du 22/6/2001) contient une disposition essentielle d'exclusion :

« Ne peut être élu membre du siège de la juridiction gacaca de la cellule ou de l'Assemblée générale du secteur, du district ou de la province :

1° tout mandataire politique ;

2° tout responsable d'une administration de l'État centralisée ou décentralisée ;

3° tout militaire encore en activité ;

4° tout membre de la police nationale encore en activité ;

5° tout magistrat de carrière ;

6° tout membre des organes directeurs des partis politiques au niveau national ».

D'autres règles mineures concernent les fonctionnements et le régime nouveau des réunions et de vote des organes.

Une personne admise comme membre d'un siège ne peut siéger dans une affaire dans laquelle est poursuivi :

- le prévenu avec lequel elle-même ou son adjoint est parent ou allié en ligne directe ou jusqu'au 2e degré ;

- le prévenu avec lequel il existait déjà une inimitié grave ;

- le prévenu dont elle était tutrice ou tuteur.

Dans ce cas, ledit membre du siège doit se récuser. Toutefois, Il est admis à faire sa déposition à charge ou à décharge.

3. Le comité de coordination de chaque juridiction est composé de cinq (05) personnes intégrées élues à la majorité simple par les membres du siège en son sein et sachant au moins lire et écrire le Kinyarwanda.

Il choisit en son sein un président et deux secrétaires. Les autres membres du comité deviennent 1er et 2e vice-présidents compte tenu du nombre de voix obtenues par chacun.

Le président et le Vice-président sont élus chaque trimestre.

Les deux secrétaires assurent le secrétariat de la « juridiction Gacaca ».

Le comité de coordination de chaque « juridiction Gacaca » exerce les attributions suivantes :

- élire parmi ses membres un président et deux secrétaires ;

- convoquer, présider les réunions et coordonner les activités du siège et de l'assemblée générale de la « juridiction Gacaca » ;

- recevoir et enregistrer les dossiers des prévenus justiciables de la « juridiction Gacaca » ;

- transmettre à la « juridiction Gacaca » immédiatement supérieure, les dossiers dont les jugements sont frappés d'appel ;

- rédiger les décisions prises par les organes de la « juridiction Gacaca » concernée ;

- mettre en application les décisions de l'assemblée générale et celles du siège de la « juridiction Gacaca » ;

- transmettre le rapport d'activité à la « juridiction Gacaca » immédiatement supérieure après son adoption par l'assemblée générale.

Le rapport de la « juridiction Gacaca » de la province est transmis au département des « juridictions Gacaca » de la Cour suprême.

Il est à noter que les comités de coordination des sièges constitués en son sein par une même juridiction peuvent constituer une commission unique composée de 3 membres.

II.2.2- Fonctionnement des « juridictions gacaca »

Des règles particulières président au fonctionnement de ces juridictions.

1. Le département des « juridictions Gacaca » de la Cour suprême assure la surveillance, l'inspection et la coordination des activités des « juridictions Gacaca » au niveau national. Il peut assurer leur conseil juridique.

2. Le ministère de l'Administration locale (MINALOC) met à la disposition de ces juridictions, les infrastructures nécessaires à leur fonctionnement.

Les responsables des entités administratives dans lesquelles elles sont établies, en sont chargés sur le plan local.

Par ailleurs, ils convoquent et dirigent, chacun au niveau de sa circonscription, la toute première réunion au cours de laquelle l'assemblée générale doit constituer le siège.

3. La loi organique, modifiée par la loi n° 33/2001 du 22/6/2001 fixe d'autres règles particulières quant aux sessions de ces organes et décisions.

L'assemblée générale de chaque « juridiction Gacaca » **tient une réunion ordinaire** une fois par mois et des séances extraordinaires chaque fois que la bonne marche de la juridiction l'exige.

Le quorum pour siéger est de quatorze (14) membres. Ceux-ci désignent en leur sein celui qui convoque l'assemblée générale.

Les décisions de l'assemblée générale sont prises par consensus ou à défaut, à la majorité des membres.

Les audiences des « juridictions Gacaca » sont publiques sauf huis clos demandé par toute personne intéressée et prononcée par jugement pour des raisons d'ordre public ou de bonnes mœurs.

4. Les réunions du siège sont également assujetties à des règles précises :

- Le siège de toute « juridiction Gacaca » tient ses audiences au moins une fois par semaine aux jours fixés par l'assemblée générale ;

- le siège de la juridiction ne peut se réunir valablement que si au moins 15 de ses membres sont présents. Lorsque ce quorum n'est pas atteint, l'assemblée générale désigne en son sein d'autres personnes intégrées en nombre suffisant pour compléter le quorum ;

- le siège décide par consensus et à défaut, à la majorité absolue de ses membres.

Tout membre du siège d'une « juridiction Gacaca » prête serment de remplir loyalement sa mission.

5. Le comité de coordination de la « juridiction Gacaca » se réunit autant de fois qu'il est nécessaire sur convocation de son président.

Le comité, pour siéger valablement, doit réunir au moins **trois de ses membres** dont un secrétaire.

Il prend ses décisions par consensus et à défaut la question en discussion est soumise au siège de la juridiction (articles 30 à 32 de la loi organique).

Le jugement est rendu et prononcé par consensus par la « juridiction Gacaca » et à défaut, à la majorité absolue de ses membres.

A défaut de majorité, il est procédé à un nouveau vote. Chaque membre du siège doit alors choisir entre les deux positions ayant recueilli précédemment le plus de voix.

Le jugement est rendu et prononcé par la « juridiction Gacaca » en public au jour fixé par le siège.

Les jugements doivent être motivés. Ils sont signés ou marqués de l'empreinte digitale de tous les membres de la juridiction qui ont siégé et pris part au délibéré.

II.2.3- Compétence des « juridictions Gacaca »

La compétence des « juridictions Gacaca » a été bien établie.

Elle répartit avec précision les dévolutions entre les différentes juridictions et, détermine les catégories de personnes à juger.

a. Les catégories de personnes jugées

1. Les lois organiques[1] portant organisation des poursuites des infractions constitutives du crime de génocide ou de crimes contre l'humanité commises entre le 1er octobre 1990 et le 31 décembre 1994 donnent compétence aux « juridictions Gacaca » pour « juger les personnes que les actes commis ou les actes de participation criminelle rangent dans les 2e, 3e et 4e catégories ».

Ces catégories comprennent respectivement :

1°. « **Catégorie 2** :

[1] Voir loi du 30 août 1996, loi n° 40/2000 du 26/01/200 modifiée par loi n° 33/2001 du 22/6/2001.

a) la personne que les actes criminels ou de participation criminelle rangent parmi les auteurs, coauteurs ou complices d'homicides volontaires ou d'atteintes graves contre les personnes, ayant entraîné la mort.

b) La personne qui, dans l'intention de donner la mort, a causé des blessures ou commis d'autres violences graves auxquelles les victimes n'ont pas succombé ».

2°. « **Catégorie 3** :

c) La personne ayant commis des actes criminels ou de participation criminelle la rendant coupable d'autres atteintes graves à la personne sans intention de donner la mort ».

3° « **Catégorie 4** :

d) La personne ayant commis des infractions contre les biens » (article 51 de la loi organique n° 40/2000).

2. Les lois exclues de la compétence des « juridictions Gacaca » :

1° Les personnes de la catégorie 1, c'est-à-dire les planificateurs, les organisateurs, les incitateurs, les superviseurs et les encadreurs du crime de génocide ou des crimes contre l'humanité.

Elles sont jugées par les tribunaux de première instance.

2° Les personnes de la catégorie 4 ayant, à la date de l'entrée en vigueur de la présente loi organique, convenu, soit avec la victime, soit avec l'autorité publique ou en arbitrage d'un règlement à l'amiable ne peuvent plus être poursuivies.

3° Les personnes en position d'autorité au niveau du secteur ou de cellule au moment du génocide sont classées dans la catégorie correspondant aux infractions alors commises.

Toutefois, leur qualité de dirigeants les expose à la peine la plus sévère prévue par les prévenus se trouvant dans la même catégorie (article 52 de la loi organique n° 40/2001).

b. La répartition des compétences

1. La répartition des compétences entre les différentes « juridictions Gacaca » se présente de cette manière :

- la « juridiction Gacaca » de la cellule est compétente en premier ressort pour les inculpés de 4ème catégorie et connaît aussi de l'opposition formée contre les jugements qu'elle a rendus à l'absence des prévenus ;

- la « juridiction Gacaca » du secteur connaît des infractions de la 3e catégorie ainsi que de l'opposition formée contre les jugements rendus « *in absentio* » ;

- la « juridiction Gacaca » du district connaît des infractions de 2e catégorie, de l'appel formée contre les jugements rendus au premier degré ou sur opposition par les « juridictions Gacaca » du secteur de son ressort de compétence, ainsi que de l'opposition formée contre les jugements rendus « *in absentio* » ;

- la « juridiction Gacaca » de province connaît de l'appel des jugements rendus au premier degré et l'opposition formée contre les jugements qu'elle a rendus à l'absence des prévenus[1].

2. Le département des « juridictions Gacaca » de la Cour suprême joue un rôle de coordination dans l'instruction des poursuites contre une personne soupçonnée d'avoir commis des infractions à des endroits différents.

Celui-ci communique l'information aux diverses « juridictions Gacaca » des cellules concernées qu'il invite à fournir des éléments de preuve à charge ou à décharge.

A la demande de la « juridiction Gacaca » de la cellule intéressée, le prévenu est conduit sur les lieux où les infractions ont été commises.

Le département des « juridictions Gacaca » de la Cour suprême transmet les dossiers ainsi constitués à la juridiction saisie.

Celle-ci procède à une nouvelle catégorisation du prévenu eu égard aux éléments complémentaires réunis et, transmet le dossier à la juridiction qu'elle estime compétente.

3. Le ministère public transmet le dossier du prévenu ayant commis des infractions à plusieurs endroits à la « juridiction Gacaca » de la cellule de son choix.

Il doit privilégier celle où ont été perpétrés les crimes les plus graves (article 5).

6. Les « juridictions Gacaca » collaborent étroitement avec les parquets du ministère public (articles 47 et 48 de la loi organique) :

- « Les parquets et les auditorats militaires poursuivront l'exercice de leur mission de recevoir les dénonciations et les plaintes, de rechercher les infractions et de procéder aux devoirs d'instruction concernant les infractions prévues par la présente loi organique.

- Les dossiers instruits par les parquets et les auditorats militaires… sont transmis aux « juridictions Gacaca ».

[1] Voir articles 39-41 de la loi organique n° 40/2000.

- Les parquets et les auditorats militaires sont également tenus de transmettre « les preuves recueillies à l'encontre des personnes poursuivies dans les dossiers ».

Le procureur général près la Cour suprême assure la supervision des parquets généraux et des auditorats militaires pour la poursuite des infractions relevant de leur compétence.

II.2.4- Les règles de procédure devant les « juridictions Gacaca »

Les règles de procédure devant les « juridictions Gacaca » sont originales

a. La procédure d'aveu et de plaidoyer de culpabilité

1. La loi organique du 30 août 1996 a institué la « procédure d'aveu et de plaidoyer de culpabilité »[1]

Cette procédure suit, dans une large mesure l'esprit des règles édictées par cette loi. En effet, la loi organique d'août 1996 déclarait en son article 5:

« toute personne ayant commis des infractions visées, a le droit de recourir à la procédure d'aveu et de plaidoyer de culpabilité ».

Ce droit ne pouvait être refusé et pouvait être exercé en tout temps avant la communication du dossier répressif au président de la juridiction. Il ne pouvait être exercé qu'une seule fois et il pouvait y être renoncé tant que l'intéressé ne les a pas encore avouées devant le siège.

2. L'article 6 du même texte législatif déterminait les conduites de réception de l'aveu et du plaidoyer de culpabilité.

« Pour être reçu au titre d'aveux au sens de la présente section, les aveux doivent comprendre :

a) la description détaillée de toutes les infractions concernées que le requérant a commises et notamment les date, heure et lieu de chaque fait ainsi que les noms des victimes et des témoins… ;

b) les renseignements relatifs aux coauteurs et aux complices et tout autre renseignement utile à l'exercice de l'action publique ;

c) des excuses présentées pour les infractions commises par le requérant ;

d) une offre de plaidoyer de culpabilité pour les infractions décrites par le requérant ».

Les aveux devaient être recueillis et transcrits par un officier du ministère public.

---

[1] Chapitre III de la loi organique d'août 1996.

Le requérant signait ou marquait d'une empreinte digitale le procès-verbal contenant les aveux. L'officier du ministère public signait le procès-verbal.

Il devait informer le requérant de la catégorie à laquelle appartient le rattachement des faits avoués.

La loi organique n° 40/2000, ultérieure a reconduit l'essentiel de ces dispositions :

- l'article 59 déclare que la procédure d'aveu et de plaidoyer de culpabilité est proposée devant le siège de la « juridiction Gacaca » ou devant l'officier du ministère public chargé de l'instruction ;

- l'article 62 permet de faire oralement ou au moyen de déclarations écrites signées ou marquées de leur empreinte digitale, l'opinion de la procédure d'aveu et de plaidoyer de culpabilité.

Celui-ci est tenu d'informer le prévenu de son droit et de son intérêt à recourir à cette procédure.

b. L'animation de la procédure d'aveu par le Ministère public,

Le ministère public ou l'officier chargé de l'instruction joue un véritable rôle d'animateur de la procédure :

- il reçoit les aveux et l'offre de culpabilité transcrits et recueillis par un officier du ministère public ;

- il clôture le dossier en établissant une note de fin d'instruction contenant les préventions établies par l'aveu et transmet le dossier à la « juridiction Gacaca » de la cellule compétente ;

- il fait cas dans une note explicative si le prévenu n'a pas dit la vérité et transmet le dossier.

Les aveux et le plaidoyer de culpabilité font l'objet d'un procès-verbal dressé par le secrétaire de la « juridiction Gacaca ».

Il est signé ou marqué d'une empreinte digitale.

c. Les modalités de déroulement de l'audience

Trois modalités de déroulement de l'audience sont retenues suivant que le prévenu possède une adresse connue ou non, ou que l'option d'aveu et du plaidoyer de culpabilité a été choisie ou non.

c.1. En cas d'aveu et de plaidoyer de culpabilité

L'article 64 détermine les modalités de l'audience en cas de procédure d'aveu et de plaidoyer de culpabilité dans les dossiers établis par le Ministère public.

Ladite procédure se déroule comme suit :

1° le président de la séance appelle la cause et invite les prévenus à la barre ;

2° chaque prévenu décline son identité ;

3° le président de la séance demande à la partie civile de décliner son identité ;

4° le secrétaire de la juridiction énonce la prévention et lit le procès-verbal d'aveu et de plaidoyer de culpabilité ;

5° le président de la séance invite chaque prévenu à prendre la parole ;

6° les membres de l'assemblée générale de la « juridiction Gacaca » et toute personne qui le souhaitent prennent la parole pour témoigner à charge ou à décharge du prévenu qui, à son tour, répond aux questions éventuelles qui lui sont posées.

Toute personne intervenant au titre de témoin doit prêter serment de dire la vérité en levant la main droite au ciel et en disant : « je prends Dieu à témoin de dire la vérité » ;

7° la partie civile prend ses conclusions ;

8° le prévenu et, le cas échéant, la personne civilement responsable, présentent successivement leur défense à propos de l'action civile ou toute autre déclaration relativement à leur responsabilité ;

9° le siège de la « juridiction Gacaca » établit l'identité des personnes ayant subi des préjudices matériels et l'inventaire des dégâts causés à leurs biens ainsi que la liste des victimes et l'inventaire des préjudices corporels subis ;

Le prévenu est invité à réagir là-dessus ;

10° le secrétaire de la juridiction lit le procès-verbal d'audience ; le siège vérifie la conformité de son contenu aux déclarations des intervenants et, au besoin, le procès-verbal est corrigé ;

11° le siège de la « juridiction Gacaca » demande successivement à la partie civile, au prévenu ou à la personne civilement responsable, s'ils ont quelque chose à ajouter aux débats ;

12° les parties au procès et les membres du siège de la « juridiction Gacaca » apposent leurs signatures ou leurs empreintes digitales sur le procès-verbal contenant le plaidoyer de culpabilité du prévenu ;

13° les débats sont déclarés clos à moins que le siège n'ordonne toute mesure d'instruction complémentaire qu'il estime nécessaire à la manifestation de la vérité.

c.2- En cas d'absence d'aveu

L'article 65 détermine le déroulement de l'audience en cas d'absence de la procédure d'aveu pour rejet par le Ministère public ou non existence dans le dossier. L'audience se déroulerait de la manière suivante :

1° le président de la séance appelle la cause et invite les prévenus à la barre ;

2° chaque prévenu décline son identité ;

3° le président de la séance demande à la partie civile de décliner son identité ;

4° le secrétaire de juridiction énonce la prévention ;

5° le président de la séance lit, à l'attention des prévenus, les articles 54, 55 et 57 de la présente loi organique afin qu'ils comprennent les avantages qu'ils peuvent tirer de la procédure d'aveu et de plaidoyer de culpabilité et, leur demande s'ils veulent y recourir.

Ceux qui veulent recourir à la procédure d'aveu et de plaidoyer de culpabilité sont immédiatement invités à prendre la parole. L'audience se poursuit selon les conditions judiciaires décrites pour ceux qui plaident coupables.

Pour ceux qui ne veulent pas recourir à la procédure d'aveu et de plaidoyer de culpabilité, l'audience se poursuit de la manière suivante :

6° le président de la séance résume l'affaire. Il énonce les preuves recueillies et établissant la culpabilité du prévenu ;

7° le président de la séance invite le prévenu à présenter sa défense ;

8° la parole est donnée aux personnes qui veulent témoigner à charge ou à décharge et, au besoin, le Ministère public éventuellement convoqué est entendu.

Toute personne intervenant au titre de témoin doit prêter serment de dire la vérité en levant la main droite au ciel et en disant « je prends Dieu à témoin de dire la vérité » ;

9° le prévenu présente ses moyens de défense ;

10° les membres de l'assemblée générale de la « juridiction Gacaca » et toute personne qui le souhaitent, prennent la parole, et le prévenu répond aux questions qui lui sont posées ;

11° la partie civile prend ses conclusions ;

12° le prévenu et, le cas échéant, la personne civilement responsable, présentent successivement leur défense à propos de l'action civile ou toute autre déclaration relativement à leur responsabilité ;

13° le siège de la « juridiction Gacaca » établit l'identité des personnes ayant subi des préjudices matériels et l'inventaire des dégâts causés à leurs biens ainsi que la liste des victimes et l'inventaire des préjudices corporels subis ; le prévenu est invité à réagir ;

14° le secrétaire de la juridiction lit le procès-verbal d'audience ; le siège vérifie la conformité de son contenu aux déclarations des intervenants et, au besoin, le procès-verbal est corrigé ;

15° le siège de la « juridiction gacaca » demande successivement à la partie civile, à la personne civilement responsable et au prévenu, s'ils ont quelque chose à ajouter aux débats ;

16° les parties présentes et les membres du siège de la « juridiction gacaca » apposent leurs signatures ou leurs empreintes digitales sur le procès-verbal d'audience ;

17° les débats sont déclarés clos, à moins que le siège n'ordonne toute mesure d'instruction complémentaire qu'il estime nécessaire à la manifestation de la vérité.

c.3- En cas d'absence d'adresse connue

L'article 66 règle le cas de déroulement de l'audience pour les prévenus n'ayant, ni domicile ni résidence connus au Rwanda. Pour ce type de personne, l'audience se déroule comme suit :

1° le président de la séance appelle la cause et invite les prévenus à la barre ;

2° le président de la séance demande à la partie civile de décliner son identité ;

3° le secrétaire de la juridiction énonce la prévention ;

4° le président de la séance résume l'affaire. Il énonce les preuves recueillies établissant la culpabilité du prévenu ;

5° la parole est donnée aux personnes ayant fait des dépositions, et au besoin, le Ministère public éventuellement convoqué est entendu ;

6° les membres de l'assemblée générale de la « juridiction gacaca » et toute personne qui le souhaitent, prennent la parole ;

7° la partie civile rend ses conclusions ;

8° la personne civilement responsable, s'il y en a, présente sa défense à propos de l'action civile ou toute autre déclaration relative à sa responsabilité ;

9° le siège de la « juridiction Gacaca » établit l'identité des personnes ayant subi des préjudices matériels et l'inventaire des dégâts causés à leurs biens ainsi que la liste des victimes et l'inventaire des préjudices corporels subis ;

10° le secrétaire de la juridiction lit le procès-verbal d'audience ; le siège vérifie la conformité de son contenu aux déclarations des intervenants et, au besoin, le procès-verbal est corrigé ;

11° Le siège de la « juridiction Gacaca » demande successivement aux parties civiles et à la personne civilement responsable, si elles ont quelque chose à ajouter aux débats ;

12° les parties au procès et les membres du siège de la « juridiction Gacaca » apposent leurs signatures ou leurs empreintes digitales sur le procès-verbal d'audience ;

13° les débats sont déclarés clos, à moins que le siège n'ordonne toute mesure d'instruction complémentaire qu'il estime nécessaire à la manifestation de la vérité.

II.2.5- Le jugement, les peines et les voies de recours

a. Le jugement

1. Les citations du prévenu sont lancées à la diligence du secrétaire de la « juridiction Gacaca » concernée et, sont signifiées à la personne du prévenu par l'intermédiaire des organes de base ou de l'administration du lieu de détention.

Les personnes qui refusent de comparaître font l'objet d'un **mandat d'amener**.

Lorsque le jugement est prononcé, les parties présentes au procès apposent leurs signatures ou leurs empreintes digitales dans le registre des présences au prononcé.

Le jugement rendu par défaut ou prononcé en l'absence du prévenu est valablement signifié par **acte de notification** que le secrétaire de la juridiction transmet à la partie défaillante.

Conformément à l'article 94 de la loi organique n° 40/2000, le jugement rendu contre une personne qui n'a, ni domicile ni résidence connus au Rwanda est signifié par mode d'affichage d'une copie de l'exploit sur le mur de l'installation abritant la juridiction et, sur les murs des bureaux des districts.

2. Tout jugement rendu par les « juridictions Gacaca » indique :

1° la juridiction qui l'a rendu ;

2°les noms des membres du siège qui ont pris part au délibéré ;

3° l'identité des parties aux procès ;

4° les préventions mises à la charge du prévenu ;

5° le résumé des moyens présentés par les parties au procès ;

6° les motifs du jugement ;

7° l'infraction dont le prévenu est reconnu coupable ;

8° les peines prononcées ;

9° l'identité des personnes ayant subi des préjudices matériels et l'inventaire des dégâts causés à leurs biens, la liste des victimes et l'inventaire des préjudices corporels subis ainsi que les dommages et intérêts alloués ;

10° la présence ou l'absence des parties ;

11° l'ouverture au public des audiences et du prononcé du jugement ;

12° le lieu et la date du jugement ;

13° les dispositions de la présente loi organique appliquées ;

14° la mention du délai légal de recours.

b. Le système des peines des « juridictions gacaca »

Le département des juridictions *gacaca* de la Cour suprême du Rwanda explique d'emblée l'orientation générale donnée au système des peines adopté.

1. « L'instauration des « juridictions gacaca » **ne vise pas seulement la répression des infractions mais aussi le rétablissement de la concorde et le retour dans le droit chemin de simples citoyens manipulés** en vue de commettre des crimes.

En effet, le contexte dans lequel les crimes ont été commis appelle à distinguer les personnes classées dans la première catégorie de celles rangées dans les catégories 2, 3 et 4. Alors que dans la première catégorie se trouvent en grande partie les détenteurs de l'autorité de l'État d'alors qui, par vocation, étaient appelés à prévenir et à réprimer les crimes, l'on ne retrouve généralement dans les autres catégories que de simples citoyens ayant agi sur injonctions ou incitations des représentants des pouvoirs publics.

C'est pourquoi, même avec la loi du 30 août 1996, il était prévu la peine capitale pour les personnes relevant de la première catégorie et des peines sensiblement réduites par rapport à celles édictées par le code pénal pour les mêmes faits, en ce qui concerne les personnes classées dans les autres catégories »[1].

Il a donc été institué un système de peines individualisées eu égard à l'appartenance sociale et aux fonctions exercées.

---

[1] Voir République du Rwanda. Cour suprême, département des « juridictions Gacaca », *op cit.*, p.14-15.

Ce faisant, ce texte se détournait du principe d'égalité de tous devant le droit pénal.

2. Le recours à la procédure de l'aveu et du plaidoyer de culpabilité joue comme une option atténuante des peines encourues. Il peut en effet les adoucir ou, les faire réduire en travaux d'intérêt général[1].

3. Au total, trois catégories de peines ont été adoptées :

- la condamnation à des peines de mort, d'emprisonnement ou d'exécution des travaux d'intérêt général ;

- les peines de dégradation civique ;

- et les peines de réparation des dommages causés[2].

b.1- La condamnation à la peine de mort ou d'emprisonnement ou d'exécution de travaux d'intérêt général

1. Les prévenus relevant de la première catégorie qui n'ont pas voulu recourir à la procédure d'aveu et de plaidoyer de culpabilité encourent la peine de mort ou d'emprisonnement à perpétuité (article 68 alinéa 1 de la loi organique).

2. A *contrario*, ceux ayant fait recours à la procédure d'aveu et de plaidoyer de culpabilité encourent les peines d'emprisonnement allant de vingt cinq (25) ans à l'emprisonnement à perpétuité.

Par ailleurs, l'âge constitue un critère de réduction des peines. Les enfants convaincus de génocide ou de crimes contre l'humanité qui, à l'époque des faits, étaient âgés de plus de quatorze (14) ans et de moins de dix-huit (18) ans sont condamnés. Toutefois, la peine est réduite de dix (10) à vingt (20) ans s'ils relèvent de la première catégorie et de moitié pour les catégories 2 et 3.

Les mineurs de moins de quatorze (14) ans sont placés dans des centres de rééducation (article 74 de la loi n° 40/2000).

3. Les prévenus de la 2e catégorie qui n'ont pas voulu recourir à la procédure d'aveu et de plaidoyer de culpabilité ou dont l'aveu et le plaidoyer ont été rejetés, encourent la peine d'emprisonnement à perpétuité.

Les prévenus de la même catégorie ayant recouru à ladite procédure encourent des peines plus douces. Notamment, emprisonnement réduit de douze (12) à quinze (15) ans au maximum avec la possibilité de ne passer en prison que la moitié de la peine et d'exécuter le reste en travaux d'intérêt général.

4. Les mêmes procédures d'allègement des peines s'appliquent aux prévenus de la 3e catégorie. Prononcée de peine allant de trois (3) à cinq (5) ans de prison

---

[1] Voir la loi organique n° 40/2000 articles 68-75.
[2] Voir la loi organique n° 40/2000 articles 28-75.

en cas d'aveu, avec possibilité de commutation de la moitié en exécution de travaux d'intérêt général contre une peine d'emprisonnement allant de cinq (5) à sept (7) ans dans le cas contraire.

b.2- La condamnation à la dégradation civique

Une distinction est ici faite entre les prévenus.

Ceux de première catégorie encourent la dégradation civique perpétuelle et totale, conformément au Code pénal. Une sorte de mort civile en somme.

Ceux de la 2e catégorie encourent la privation permanente du droit de vote, d'éligibilité, d'être experts, témoins dans les actes et de déposer en justice autrement que pour donner de simples renseignements de possession et de port d'armes.

Ils peuvent être toutefois réhabilités conformément aux prescriptions de l'article 72 de la loi organique.

Le prévenu encourt un maximum de peine en cas de concours idéal ou matériel d'infractions présumées.

Il faut noter que le condamné a un **choix** en cas de condamnation à une peine d'emprisonnement avec commutation de la moitié de la peine en travaux d'intérêt général. Il peut choisir, soit d'exécuter lesdits travaux, soit de purger l'entièreté de la peine de prison. Il doit tout simplement aviser l'organe de gestion des preuves dans les trois mois qui précèdent la date de sa libération.

Il est admis à solliciter chaque fois qu'il le demande, l'exécution des travaux d'intérêt général pour la période qui reste à courir, auprès des organes[2] de gestion des peines.

Il est de nouveau arrêté pour purger l'entièreté de la peine d'emprisonnement en cas de défaillance du condamné aux fins d'exécuter les travaux d'intérêt général.

b.3- La condamnation à la réparation civile

Les prévenus relevant de la 4e catégorie sont condamnés à la seule réparation civile des dommages causés aux biens d'autrui.

Le siège de la « juridiction Gacaca » compétente détermine les modalités d'exécution de cette obligation.

Un règlement à l'amiable entre l'auteur et la victime, devant une autorité ou sur arbitrage, dispense de l'obligation de réparer. Il doit être antérieur à la loi.

c. Les recours et les réparations devant les « juridictions gacaca »

Les jugements rendus par les tribunaux participatifs *gacaca* peuvent faire l'objet de trois voies de recours reconnues :

- l'opposition,

- l'appel

- et le pourvoi en cassation.

1. L'opposition est portée devant la juridiction qui a rendu le jugement par défaut. Le demandeur fait enregistrer son action auprès du secrétaire de la « juridiction Gacaca ».

Elle concerne les décisions judiciaires rendues par défaut.

La partie défaillante qui excipe de l'opposition doit exhiber un motif grave et légitime qui l'a empêchée de comparaître dans le procès. Ladite « juridiction Gacaca » apprécie souverainement les raisons invoquées.

2. L'appel est formé devant la « juridiction Gacaca » du district en cas de jugements rendus au premier degré ou sur opposition de la « juridiction Gacaca » du secteur.

Seules les parties au procès ont qualité pour former appel contre un jugement rendu par une « juridiction Gacaca ».

Le délai pour interjeter appel est de quinze (15) jours calendaires à partir du prononcé contradictoire du jugement ou du lendemain de la signification.

Les jugements rendus sur aveu ou plaidoyer de culpabilité ne peuvent faire l'objet d'appel.

Les décisions classant les prévenus peuvent faire l'objet d'appel devant la juridiction devant laquelle l'affaire a été déférée.

3. Le délai du pourvoi en cassation est de quinze (15) jours calendaires à partir du prononcé en cas d'arrêt rendu par défaut.

Par ailleurs le procureur général près la Cour suprême peut, dans le seul intérêt de la loi, saisir la Cour de cassation dans un délai de six (6) mois.

4. Les juridictions ordinaires et les « juridictions Gacaca » transmettent à un fonds d'indemnisation des victimes du génocide et des crimes contre l'humanité, des copies des arrêts et jugements qu'elles ont rendus.

Ces arrêts et jugements indiquent :

- l'identité des personnes ayant subi des préjudices matériels et l'inventaire des dégâts ;

- la liste des victimes et l'inventaire des préjudices corporels subis ;

- les dommages et intérêts s'y rapportant fixés conformément au barème prévu par la loi.

Le fonds arrête les modalités d'octroi des réparations.

II.2.6-Evaluation du systèmes des « gacaca »

Au total, que conclure de cette rapide revue du système des « juridictions Gacaca » ?

Ce système a été conçu comme une « voie alternative et complémentaire »[1]. Il a dû faire face à un énorme défi d'organisation[2].

Un système participatif inspiré des traditions africaines ne peut **qu'irriter les juristes occidentaux** et faire problème à leurs yeux.

1. Stef Vaudeginste[3] formule deux éléments de critiques « particulièrement préoccupants :

i) les normes relatives au droit à un procès équitable ne sont pas applicables aux poursuites devant les « juridictions Gacaca ». Il cite à cet effet l'article 14, troisième paragraphe du Pacte international relatif aux droits civils et politiques ratifié par le Rwanda qui déclare :

« Toute personne accusée d'une infraction pénale a droit, en pleine égalité, au moins aux garanties suivantes :

a) A être informée, dans le plus court délai, dans une langue qu'elle comprend et de façon détaillée, de la nature et des motifs de l'accusation portée contre elle ;

b) A disposer du temps et des facilités nécessaires à la préparation de sa défense et à communiquer avec le conseil de son choix ;

c) A être jugée sans retard excessif ;

d) A être présente au procès et à se défendre elle-même ou à avoir l'assistance d'un défenseur de son choix, si elle n'a pas de défenseur, à être informée de son droit d'en avoir un, et, chaque fois que l'intérêt de la justice l'exige, à se voir attribuer d'office un défenseur, sans frais, si elle n'a pas les moyens de le rémunérer ;

e) A interroger ou faire interroger les témoins à charge et à obtenir la comparution et l'interrogatoire des témoins à décharge dans les mêmes conditions que les témoins à charge ;

f) A se faire assister gratuitement d'un interprète si elle ne comprend pas ou ne parle pas la langue employée à l'audience ;

---

[1] Voir VAUDEGINSTE (Stef), L*es juridictions gacaca et la poursuite des présumés auteurs du génocide et des crimes contre l'humanité*, Afrique des Grands Lacs, annuaire 1999/2000, 20 pages.

[2] *Ibid.*

[3] VAUDEGINSTE (S.), *op cit.*,pp. 8-18.

g) A ne pas être forcée de témoigner contre elle-même ou de s'avouer coupable ».

A cet égard, il fait également référence à « la déclaration de Dakar » adoptée le 11 septembre 1999, suite à la conférence internationale concernant le droit à un procès équitable, organisée par la commission africaine des droits de l'Homme et des peuples. Cette déclaration confirme entre autres que :

"It is recognized that traditional courts are capable of playing a role in the achievement of peaceful societies and exercise authority over a significant proportion of the population of African countries. However, these courts also have serious shortcomings which result in many instances in denial of fair trial. Traditional courts are not exempt from the provisions of the African Charter relating to faire trial".

ii) Le contexte sociopolitique qui prête à la « réincarcération des personnes innocentes et libérées par la justice et qui est celui d'**une société de rétrécissement des espaces politiques**.

2. Avocats sans frontières a été plus lapidaire dans son jugement en estimant que « sans occulter le fait que des sanctions seront prononcées, la Gacaca doit plutôt être considérée comme un mode extrajudiciaire de règlement du contentieux de génocide. Il serait vain de se référer aux critères habituels de fonctionnement de la justice classique » (rapport semestriel 1999).

3. Amnesty international a estimé en novembre 2007 que les « garantis de procès équitables ne sont pas appliquées dans les juridictions Gacaca » (*Agence Hirondelle* du 2 novembre 2007).

4. D'autres organisations non gouvernementales opinent dans le même sens : l'association internationale des juristes, l'Association des avocats de la Défense au Tribunal pénal international pour le Rwanda, l'Action pour une justice internationale impartiale pour le Rwanda, le réseau international pour la promotion et la défense des droits de l'Homme au Rwanda (R/PRODHOR), etc.

Il conviendrait de souligner l'obstacle de la complexité des textes juridiques à appliquer bien qu'il ait produit un abrégé de la procédure devant ces juridictions.

La dérive politicienne des procès est à craindre pour affirmer qu'ils sont un **instrument de règlement de comptes** facile contre les adversaires du régime en place.

Le gouvernement de la république du Rwanda a décidé en 2012, de mettre fin au système des juridictions « gagaca ».

II.3- LA COMPETENCE DES JURIDICTIONS NATIONALES MIXTES

Les juridictions nationales ne sont pas des tribunaux *ad hoc* comme pour l'ex-Yougoslavie ou le Rwanda. Ils demeurent des tribunaux internes constitués avec l'accord des Nations Unies et leur coopération.

Trois cas sont à analyser :

- le du tribunal spécial pour la Sierra Leone ;

- le de la chambre spéciale pour les crimes de guerre de Bosnie-Herzégovine ;

- et enfin les chambres extraordinaires chargées de la poursuite des crimes commis par les Khmers rouges au Cambodge.

II.3.1- Le Tribunal Spécial pour la Sierra Leone (TSSL)

1. Le Tribunal Spécial pour la Sierra Leone a été créé par un accord entre les Nations Unies et le gouvernement de la Sierra Leone.

Le Conseil de sécurité des Nations Unies avait donné mandat au Secrétaire général des Nations Unies conformément à la résolution 1315 du 14 août 2000 pour créer un tribunal de **juridiction mixte**, le TSSL. Un accord subséquent a été signé en janvier 2002 entre les Nations Unies et le gouvernement sierra-léonais et, ratifié par le parlement de Sierra Leone en mars 2002.

Le TSSL fait partie du système judiciaire sierra léonais. Il s'agit d'une juridiction hybride, mixte, adossée sur le droit international et le droit interne sierra-léonais.

a. La compétence du TSSL

La compétence du tribunal spécial pour la Sierra Leone est établie de façon originale.

1. Suivant l'article 1, alinéa 1er de son statut, le tribunal spécial pour la Sierra Leone est en général compétente pour poursuivre « les personnes qui portent la plus grande responsabilité pour des graves violations du droit international humanitaire et de la loi sierra-léonaise commises sur le territoire de la Sierra Leone depuis le 30 novembre 1996, y compris les leaders qui ont commis ces crimes et menacé l'établissement et la poursuite du processus de paix en Sierra Leone ».

2. Le statut inclut également dans la compétence du tribunal spécial, les transgressions des agents de la mission de pacification des Nations Unies (article 1er alinéa 2 du statut du TSSL). Le Conseil de sécurité est habilité à autoriser ce genre de poursuites.

Dès lors, les catégories d'infractions visées dans le statut pour le tribunal spécial sont diverses :

a) Les crimes contre l'humanité résultant d'attaques systématiques et à large échelle contre les populations civiles.

b) Les violations de l'article 3 commun aux conventions de Genève et au protocole additionnel n° I.

c) Les violations graves du droit international humanitaire comprenant les attaques intentionnellement dirigées contre la population civile ou des civils individuellement, contre l'assistance humanitaire ou de maintien de la paix en accord avec la Charte des Nations Unies ; l'enrôlement forcé des enfants de moins de 15 ans pour participer aux combats.

d) Les crimes commis sous l'empire de la loi sierra-léonaise notamment, les violations des filles de moins de 13 ans, des filles entre 13 et 14 ans, la destruction systématique de biens (*Malecious Damage Act*, 1961), l'incendie de maisons, l'incendie de bâtiments publics ou d'autres bâtiments (article 5 du statut pour le TSSL).

3. Le tribunal spécial n'est pas compétent pour les jeunes gens de moins de 15 ans. Les personnes d'âge compris entre 15 ans et 18 ans peuvent accéder au tribunal et doivent être traitées avec « dignité et considération » et/ou en respectant les droits des enfants.

4. Le tribunal spécial a une compétence concurrente avec les autres cours de la Sierra Leone.

Toutefois, il a la primauté sur les juridictions nationales de Sierra Leone et peut, demander à tout stade de la procédure, à une juridiction nationale de déférer à sa compétence toute affaire dont elle est saisie (article 8, alinéa 2 du statut du TSSL).

5. Le tribunal spécial applique quelques principes de droit pénal connus :

- La « personne qui a planifié, incité, ordonné, participé à la planification ou à l'exécution d'un crime visé aux articles 2 à 4 du présent statut sera individuellement responsable ». Le titre officiel de la personne accusée, même de chef de l'État ou de gouvernement ou d'officiel n'exonère pas une telle personne de la responsabilité pénale, ni n'atténue la punition » (article 6 du statut du TSSL).

- Le tribunal applique le principe non bis in idem qui veut que « personne ne soit poursuivie devant une juridiction nationale de Sierra Leone pour les actes pour lesquels il ou elle a déjà été jugé par le tribunal spécial » (article 9 du statut TSSL).

- Les crimes soumis à la compétence du TSSL sont imprescriptibles et une amnistie octroyée à une personne n'interdit pas les poursuites.

b. L'organisation du TSSL

Le tribunal spécial est constitué, comme les autres tribunaux pénaux, de trois (03) organes : les chambres, le procureur et le greffe.

b.1- Les chambres

1. Les chambres comprennent pas moins de huit (8) et pas plus de onze (11) juges indépendants.

2. Les juges sont élus pour une période de trois ans renouvelable. Ils sont choisis parmi les personnalités de haute moralité, d'impartialité, d'intégrité et qui possèdent les qualifications requises dans leurs pays respectifs.

Il doit être tenu compte dans la composition du tribunal spécial de l'expérience des juges en droit international, y compris en droit international humanitaire et droits de l'Homme, en droit criminel et en droit de la délinquance juvénile.

3. Les chambres sont au nombre de deux, une chambre des poursuites et une chambre d'appel.

La chambre des poursuites comprend un juge nommé par le gouvernement sierra-léonais et deux juges nommés par le Secrétaire général des Nations Unies.

La chambre d'appel quant à elle comprend cinq juges dont deux nommés par le gouvernement de Sierra Leone et trois par le Secrétaire général des Nations Unies.

Chaque juge ne sert uniquement que dans la chambre à laquelle il a été nommé.

4. Dans chacune des chambres, les juges élisent un président qui conduit les procédures de la chambre dans laquelle il a été élu.

Le président de la chambre d'appel est d'office président du Tribunal spécial pour la Sierra Leone.

Le président du Tribunal spécial pour la Sierre Leone, un juge suppléant, peut être désigné par le Secrétaire général des Nations Unies ou le gouvernement de Sierra Léone. Celui-ci peut être présent à chaque étape du procès et remplacer un juge incapable de continuer à siéger.

Le tribunal spécial pour la Sierra Leone applique le règlement de procédure et de preuve du tribunal spécial pour le Rwanda *mutatis mutandis* pour conduire les débats.

b.2- Le procureur du TSSL

1. Le statut du procureur du TSSL ne diffère en rien de celui des procureurs de la CPI et des tribunaux *ad hoc*.

2. Il est chargé des investigations et des poursuites des personnes qui portent la plus grande responsabilité pour les graves violations du droit international humanitaire et les crimes commis contre la loi sierra-léonaise depuis le 30 novembre 1996.

Le procureur a le pouvoir d'interroger les suspects, les victimes et les témoins, de rassembler les preuves et de conduire des enquêtes sur le terrain.

3. Le procureur doit agir de façon indépendante et comme un organe séparé du tribunal spécial. Il ou elle ne reçoit des instructions de quelque gouvernement ou d'une autre source que ce soit.

4. Le procureur est nommé par le Secrétaire général pour un mandat de trois ans renouvelable. Il doit présenter un caractère de haute moralité et posséder un très haut niveau d'expertise professionnelle et une large expérience dans la conduite des recherches et des poursuites criminelles.

Il peut être assisté par un procureur adjoint de nationalité sierra-léonaise et d'un personnel international.

Ce personnel doit être spécialisé en ce qui concerne les infractions liées au sexe et à la délinquance juvénile.

b.3- Le greffe du TSSL

1. Le greffe est chargé de l'administration et du service du tribunal spécial.

2. Il comprend un greffier et du personnel.

Le greffier est un personnel des Nations Unies. Il est nommé par le secrétaire général après consultation du président du tribunal spécial, pour un mandat de trois ans renouvelable.

3. Le greffier établit une division des victimes et des témoins au sein du greffe. Celle-ci fournit l'assistance appropriée aux témoins et victimes. Elle doit comprendre des experts en trauma, en crimes sexuels et en violence.

c. La procédure devant le TSSL

La procédure devant le TSSL est usuelle et reste dans les normes des tribunaux *ad hoc*.

1. Les accusés ont des droits : égalité de tous devant le tribunal spécial, droit à des audiences publiques, présomption d'innocence jusqu'à l'établissement de leur culpabilité, information dans les détails et dans la langue qu'ils comprennent des chefs d'accusation, droit à disposer du temps et des moyens de défense, droit à un procès sans délai, droit à un conseil, etc. (article 17 du statut du TSSL).

2. La sentence est rendue publiquement, à la majorité des juges de la chambre des poursuites ou de la chambre d'appel.

Elle doit être motivée, écrite et, peut être accompagnée par une opinion séparée ou par une opinion dissidente.

3. Le tribunal prononce des peines d'emprisonnement, en tenant compte des facteurs comme la gravité du crime et les circonstances individuelles. Il applique le catalogue des peines du tribunal spécial pour le Rwanda et du code sierra-léonais.

Il peut aussi ordonner la confiscation des biens et produits acquis illégalement ou de manière criminelle. Il peut les restituer à son légal propriétaire.

La peine d'emprisonnement peut être purgée en Sierra Leone ou si les circonstances l'exigent dans un autre État.

4. Les sentences du Tribunal spécial pour la Sierra Leone peuvent faire l'objet d'un appel ou d'une révision.

L'**appel** est interjeté pour cause d'erreur de procédure, d'erreur de droit, ou d'erreur de fait qui aurait occasionné une mauvaise appréciation de la justice.

En cas d'appel, la chambre d'appel peut confirmer, infirmer ou réviser les décisions prises par la Chambre des poursuites.

La **procédure de révision** est exécutée quand un fait nouveau qui n'avait pas été connu au moment du procès et qui aurait été un facteur décisif pour lier la décision du tribunal spécial, est découvert.

La chambre d'appel peut accepter ou rejeter la requête de révision. Elle peut aussi convoquer à nouveau la chambre des poursuites ou, retenir sa compétence sur l'affaire.

5. L'autre règle originale à retenir est que seul le président du tribunal spécial peut décider du pardon ou de la commutation des peines prononcées.

Il consulte à cet effet les juges du tribunal spécial et décide sur la base des intérêts de la justice et des principes généraux de la loi. L'État de détention du condamné le saisit à cet effet (article 23 du statut du TSSL).

6. Le tribunal spécial de Sierra Léone a inculpé treize (13) personnes dont Charles Taylor, ex chef de l'État du Liberia extradé du Nigeria en Sierra Leone.

Le TSSL reste un tribunal national mixte. A cet effet, le président présente un rapport annuel d'opérations au gouvernement de Sierra Leone et au Secrétaire général des Nations Unies.

II.3.2- La chambre spéciale pour les crimes de guerre de Bosnie-Herzégovine

1. La chambre spéciale pour les crimes de guerre de Bosnie-Herzégovine est née du souci de désengorgement du Tribunal pénal international pour l'ex-Yougoslavie. Elle avait pour objectif de se concentrer sur les inculpés de haut rang, avant l'an 2010.

Elle devait participer à la reconstruction du système judiciaire en Bosnie et, favoriser le processus de réconciliation.

En février 2002, le bureau du haut représentant chargé de surveiller et de coordonner la mise en application de tout le volet civil des Accords du Dayton (annexe 10 des accords de Dayton) et le TPIY ont abouti à des conclusions communes.

Celles-ci ont amené le Conseil de sécurité des Nations Unies à demander aux tribunaux nationaux à travers les résolutions n° 1503 d'août 2003 et n° 1534 de mars 2004, d'aider le TPIY dans sa mission de juger les criminels de guerre.

Il a été adopté une stratégie consistant à transférer les affaires relatives à des suspects de rang intermédiaire et subalterne vers les juridictions internes.

Une trentaine de donateurs ont décidé de verser 15,7 millions d'euros pour la création d'un tribunal destiné à juger sur place les criminels de guerre ayant commis des forfaits en Bosnie.

La chambre spéciale constituée fonctionne dans le cadre de la division criminelle de la cour d'État de Bosnie-Herzégovine qui siège à Sarajevo. Elle a démarré ses activités le 9 mars 2005.

2. la chambre spéciale reste une juridiction interne.

Toutefois, une présence internationale a été introduite en son sein pour juger les crimes de guerre.

Chaque section juridique est composée de deux juges internationaux et d'un juge local.

Cette composition internationale est appelée à se réduire et à disparaître complètement suite au refus du gouvernement de Bosnie de renouveler le mandat des juges internationaux.

3. Le mandat de la chambre ne comprend pas seulement les cas transmis par le TPIY mais également le jugement des affaires sensibles nationales ou locales.

Les affaires de moindre importance sont restées de la compétence de cours cantonales de la Republica Srpska et de la Fédération de Bosnie-Herzégovine.

4. la chambre spéciale pour les crimes de guerre de Bosnie-Herzégovine tourne à plein régime. Seize (16) affaires étaient pendantes devant cette instance dès le 31 décembre 2006.

Plusieurs affaires de moyenne importance concernant les massacres de Srebrenica ont été transférées à la chambre spéciale de Bosnie-Herzégovine : cas de Milorad Trbic inculpé de génocide et de crimes de guerre, cas de Bozic inculpé de crimes contre l'humanité.

L'affaire Kravice (Stupar et *al*) a donné lieu à l'inculpation de onze (11) accusés du chef d'accusation de génocide en rapport avec les massacres de Srebrenica, tous anciens policiers serbes de Bosnie.

La chambre spéciale a condamné sept (7) pour génocide et prononcé des peines de 38 et 42 ans d'emprisonnement pour leur participation directe au meurtre de plus de 1 000 prisonniers bosniaques en une seule journée.

II.2.3- Les chambres extraordinaires pour juger les Khmers rouges

Le cheminement vers la création des chambres extraordinaires pour poursuivre les Khmers rouges coupables de génocide a été très long :

- le 7 juillet 1994, un vote à l'Assemblée nationale met les Khmers rouges « hors la loi » ;

- le 2 janvier 2001, l'Assemblée adopte un projet de loi instaurant un tribunal spécial mixte composé de magistrats cambodgiens mais aussi d'autres nationalités pour juger les anciens Khmers rouges ;

- le 10 août 2001, Norodom Sihanouk promulgue la loi instaurant une cour spéciale cambodgienne à caractère international pour juger les anciens chefs khmers rouges ;

- le 17 mars 2003, un accord technique entre un expert juridique de l'ONU et le gouvernement de Phnom Penh échoue ;

- le 14 mai 2003, l'Assemblée générale de l'ONU approuve l'accord passé avec le Cambodge sur le tribunal qui doit juger les Khmers rouges.

Cet accord est devenu définitif pour juger conformément au droit cambodgien les auteurs des crimes commis pendant la période du Kampuchéa démocratique.

a. La compétence des chambres extraordinaires

Les chambres extraordinaires, conformément à l'article 9 de la résolution 57/228 du 22 mai 2003 de l'assemblée générale sont « compétentes *ratione materiae* pour connaître des crimes de génocide tels que définis dans la convention pour la prévention et la répression du crime de génocide de 1948, des crimes contre l'humanité tels que définis dans le statut de Rome de la cour pénale internationale de 1998, des violations graves des convenions de Genève de 1949 et autres crimes tels que définis au chapitre II de la loi portant création des chambres extraordinaires promulguée le 10 août 2001 ».

Au total, ces chambres extraordinaires sont donc compétentes pour juger des crimes de génocide, des crimes contre l'humanité, des crimes contre les lois et coutumes de la guerre au vu des textes visés en ce qui concerne leurs compétences.

Il établit aussi de façon expresse une compétence *ratione personae* à l'égard des dirigeants du Kampuchéa démocratique et des principaux responsables des crimes visés par la loi cambodgienne concernée.

b. L'organisation des chambres extraordinaires

Les « chambres extraordinaires » comportent deux chambres :

- la chambre de première instance,

- et la chambre de la Cour suprême.

1. La chambre de première instance comprend trois (03) juges cambodgiens et deux (02) juges internationaux.

2. La chambre de la Cour suprême fait office de chambre d'appel et de dernière instance. Elle comprend quatre (04) juges cambodgiens et trois (03) juges internationaux.

3. Les juges cambodgiens et les juges internationaux sont nommés par le conseil suprême de la magistrature sur proposition du Secrétaire général des Nations Unies. En effet, le Secrétaire général communique au conseil suprême de la magistrature une liste d'au moins sept (07) candidats aux fonctions de juges internationaux. Celui-ci en nomme cinq (05) pour siéger aux deux chambres en qualité de juges.

Ces juges doivent être des personnes possédant les plus hautes qualités de moralité, d'impartialité, d'intégrité et, ayant les qualifications requises.

Ils exercent leurs fonctions en toute indépendance et n'acceptent ni ne sollicitent d'instructions d'aucun gouvernement ni d'aucune source.

Dans la composition globale des chambres, il est dûment tenu compte de l'expérience des juges en matière de droit pénal et de droit international, notamment de droit international humanitaire et des droits de l'Homme.

Les juges sont nommés pour la durée de la procédure.

Le président d'une chambre peut, au cas par cas, désigner un ou plusieurs suppléants parmi les candidats figurant sur la liste soumise par le Secrétaire général. Ils seront présents à tous stades de la procédure et remplaceront un juge international.

4. Les chambres extraordinaires comportent d'autres membres :

- deux juges d'instruction dont un cambodgien et un international siègent conjointement et, sont chargés de diriger l'instruction.

- deux procureurs chargés des poursuites, l'un Cambodgien et l'autre non Cambodgien siègent conjointement à l'une et l'autre chambres.

Les juges d'instruction sont des personnes possédant les plus hautes qualités de moralité, d'impartialité et d'intégrité ayant des qualifications dans leurs pays respectifs pour être nommés aux dites fonctions judiciaires.

Le Conseil suprême de la magistrature choisit, outre les candidats figurant sur la liste mais aussi entre deux candidats dont les noms lui sont également communiqués par le Secrétaire général, celui qui exercera les fonctions de juge d'instruction international et celui qui en sera le suppléant.

Les procureurs doivent comme les autres membres des chambres être des personnes de la plus haute moralité et avoir les plus hautes qualités professionnelles et une solide expérience en matière d'enquêtes et de poursuites judiciaires.

Le conseil suprême de la magistrature choisit entre deux candidats dont les noms lui sont communiqués par le Secrétaire général, celui qui exercera les fonctions de procureur international.

Les juges d'instruction et les procureurs coopèrent en vue de parvenir à une position commune en ce qui concerne l'instruction d'une part et, les poursuites d'autre part.

Les juges d'instruction et les procureurs exercent leurs fonctions en toute indépendance et n'acceptent ni ne sollicitent d'instructions d'aucun gouvernement ni d'aucune autre source.

Ils sont nommés pour la durée de la procédure.

Le champ de l'instruction et des poursuites ne s'étend qu'aux dirigeants du Kampuchéa démocratique et aux principaux responsables des crimes et graves violations du droit pénal cambodgien, des règles et coutumes du droit international humanitaire, ainsi qu'aux conventions internationales auxquelles adhère le Cambodge, commis pendant la période comprise entre le 17 avril 1975 et le 6 janvier 1979.

5. Les juges s'efforceront de prendre leurs décisions à l'unanimité. Faute de quoi, les dispositions suivantes s'appliquent :

- les décisions de la chambre de première instance sont adoptées par un **vote de quatre juges au moins** ;

- les décisions de la chambre de la Cour suprême sont adoptées par un **vote de cinq juges au moins**.

Et en l'absence d'unanimité, les décisions des chambres sont accompagnées d'un exposé des opinions de la majorité et de la minorité.

c. Les règles et procédures des chambres extraordinaires

c.1- La procédure

La procédure est régie par le droit cambodgien.

1. Toutefois, les règles de procédure établies au niveau international peuvent servir de référence en cas de silence du droit cambodgien ou d'incompatibilité d'une règle de droit cambodgien avec les normes internationales.

Les droits de l'accusé ainsi consacrés sont assurés pendant toute la durée du procès. Ils comprennent la présomption d'innocence, l'assistance d'un conseil de son choix…

2. Les chambres extraordinaires exercent leur compétence conformément aux normes internationales de justice, d'équité et de respect des formes régulières spécifiées aux articles 13 et 14 du pacte international relatif aux droits civils et politiques de 1966[1].

Le huis clos n'est prononcé que dans la mesure où la chambre l'estime nécessaire.

Il est prévu, suivant l'article 12 de la résolution 57/22, pour assurer à l'accusé un procès public, impartial et garantir la crédibilité de la procédure, que des représentants des États membres de l'Organisation des nations unies du Secrétaire général, des médias et des organisations non gouvernementales nationales ou internationales aient accès aux audiences des chambres extraordinaires, à tous les stades de la procédure »

3. Des divergences peuvent surgir entre les deux juges d'instruction ou les deux procureurs.

Celles-ci sont réglées par une chambre préliminaire composée de cinq juges nommés par le conseil suprême de la magistrature. Trois directement par le président et deux autres sur proposition du Secrétaire général.

Il faut préalablement que les juges d'instruction ou les procureurs en fassent la demande et soumettent au directeur du bureau de l'administration un exposé écrit des faits et des raisons motivant les divergences de vues.

La chambre préliminaire est convoquée par le directeur du bureau d'administration.

---

[1] Voir annexe n° II : articles 13 et 14 du Pacte international des droits civils et politiques.

La décision de la chambre préliminaire est sans appel. Elle est adoptée par un vote d'au moins quatre juges.

Elle est communiquée au directeur du bureau de l'administration qui la rend publique et la communique aux deux juges d'instruction et aux deux procureurs.

Ils y donnent immédiatement suite.

Faute de majorité requise pour qu'une décision soit adoptée, la procédure d'instruction ou de poursuite suit son cours.

4. Le gouvernement royal du Cambodge donne suite sans retard indu à toute demande d'assistance que lui adressent les juges d'instruction, les procureurs et les chambres extraordinaires ou à toute ordonnance prise par l'un deux en ce qui concerne notamment mais non exclusivement :

a) l'identification et la localisation de personnes ;

b) le service des documents ;

c) les arrestations ou détentions ;

d) le transfèrement des accusés aux chambres extraordinaires.

c.2- Règles et privilèges

1. Le bureau de l'administration est chargé d'assurer le service des chambres extraordinaires, de la chambre préliminaire, des deux juges d'instruction et du bureau des procureurs.

Il a à sa tête un directeur cambodgien nommé par le gouvernement royal cambodgien. Il est chargé de la gestion générale du bureau à l'exception des questions de procédure relevant des Nations Unies.

Il est secondé par un directeur adjoint international nommé par le Secrétaire général. Il est chargé du recrutement de tout le personnel international et de l'administration de la composante internationale des chambres extraordinaires, de la chambre préliminaire, des deux juges d'instruction, du bureau des procureurs et du bureau de l'administration. Il est immédiatement nommé à son poste par le gouvernement royal cambodgien.

Le directeur et le directeur adjoint coopèrent en vue d'assurer le bon fonctionnement de l'administration.

2. Le gouvernement royal cambodgien met gracieusement des locaux à la disposition des juges d'instruction, du bureau des procureurs, des chambres extraordinaires, de la chambre préliminaire et du bureau de l'administration.

Il fournit les installations, facilite les divers services nécessaires à l'exercice de leurs fonctions.

3. La langue officielle des chambres extraordinaires et de la chambre préliminaire est le khmer.

Le khmer, l'anglais et le français sont les langues officielles de travail.

Toutefois, les traductions de documents publics et l'interprétation des débats publics en russe peuvent être assurées par le gouvernement royal cambodgien à sa discrétion et à ses frais. Ces services ne doivent pas nuire au bon déroulement des travaux des chambres extraordinaires.

4. L'accord développe tout un système de privilèges et d'immunités.

Les juges internationaux, le juge d'instruction international, le procureur international et le directeur adjoint du bureau de l'administration, ainsi que les membres de leur famille, jouissent des privilèges, immunités, exemptions et facilités accordés aux agents diplomatiques conformément à la convention de Vienne de 1961 sur les relations diplomatiques.

Ils jouissent en particulier :

a) de l'inviolabilité de leur personne y compris l'immunité d'arrestation ou de détention ;

b) de l'immunité de juridiction en matière pénale, civile, administrative ;

c) de l'inviolabilité de tous leurs papiers et documents ;

d) de l'exemption de toutes mesures restrictives à l'immigration et de toute formalité d'enregistrement des étrangers ;

e) des mêmes immunités et facilités en ce qui concerne leurs bagages personnels que celles qui sont accordées aux agents diplomatiques.

Ils sont exonérés des impôts sur leurs traitements, émoluments et indemnités au Cambodge.

Le personnel cambodgien, c'est-à-dire les juges cambodgiens, le procureur cambodgien et autre personnel cambodgien, jouissent de **l'immunité de juridiction** en ce qui concerne les paroles, les écrits ou actes accomplis par eux en leur qualité officielle dans leur travail.

Cette immunité continue de leur être accordée même après qu'ils aient cessé d'exercer leurs fonctions auprès du tribunal concerné.

Le personnel international jouit des privilèges suivants :

a) immunité de juridiction en ce qui concerne les paroles, écrits ou actes accomplis dans l'exercice officiel de leurs fonctions ;

b) exonération des impôts sur les traitements, émoluments et indemnités qui leur sont versés par l'Organisation des nations unies ;

c) immunité à l'égard des mesures restrictives relatives à l'immigration ;

d) droit d'importer en franchise leur mobilier et leurs effets à l'occasion de la première prise de fonctions à l'exception de la rémunération des services.

Ces immunités **s'étendent au conseil** d'un suspect ou d'un prévenu une fois que celui-ci est agréé par les chambres extraordinaires (article 21 de l'accord).

Le « Conseil » jouit en particulier des immunités et privilèges suivants :

a) immunité d'arrestation, de détention de saisie de ses bagages personnels ;

b) inviolabilité de tous les documents ayant trait à l'exercice de ses fonctions de conseil d'un suspect ou d'un accusé ;

c) immunité de juridiction pénale ou civile en ce qui concerne les paroles, les écrits ainsi que les actes accomplis par lui en sa qualité officielle.

Les témoins et les experts comparaissant sur citation ou à la demande des juges, des juges d'instruction ou des procureurs, « ne sont ni poursuivis ni arrêtés par les autorités cambodgiennes et leur liberté n'est en aucune manière entravée » (article 22 de l'accord).

Les victimes et les témoins sont assurés de la protection des juges d'instruction, des procureurs et des chambres.

5. Les archives des deux juges d'instruction, des deux procureurs, des chambres extraordinaires, de la chambre préliminaire et du bureau de l'administration et en général tous les documents et pièces mis à leur disposition, leur appartenant ou utilisés par eux, en quelque lieu qu'ils se trouvent au Cambodge, « sont inviolables pendant toute la durée de la procédure ».

6. Le régime des charges et des contributions financières connaît des règles précises :

a) le personnel cambodgien reçoit ses émoluments et traitements du gouvernement royal cambodgien en ce qui concerne les juges cambodgiens et autre personnel ;

b) les traitements et émoluments des juges internationaux, du juge d'instruction international, du procureur international et autre personnel recrutés par les Nations Unies sont à la charge de l'Organisation des nations unies ;

c) l'Organisation des nations unies prend à sa charge :

- la rémunération des juges internationaux, du juge d'instruction international, du procureur international, du directeur adjoint du bureau de l'administration et autre personnel international ;

- le coût des facilités et services ;

- les honoraires de l'avocat de la défense ;

- les frais de déplacement des témoins à l'intérieur du Cambodge et depuis l'étranger ;

- les mesures de sécurité dont il aura été convenu dans un accord distinct entre le Gouvernement et l'Organisation des nations unies ;

- toute autre aide limitée nécessaire pour assurer le bon déroulement de l'instruction, des poursuites et le bon fonctionnement des chambres extraordinaires (article 17 de l'accord).

d. Les peines et condamnations

Le texte de l'accord est lapidaire en ce qui concerne les peines prononcées par le tribunal. En effet, selon l'article 10 dudit accord, « la peine maximale qui peut être imposée aux personnes reconnues coupables de crimes ressortissant aux chambres extraordinaires est l'emprisonnement à perpétuité ».

Plusieurs chefs khmers rouges sont morts : Pol Pot le chef suprême ; Son Sen, son ministre de la Défense ; Yun Yat, un ministre. D'autres en revanche sont encore vivants, notamment : le chef de l'État Khieu Sampham, Nuon Chea l'adjoint de Pol Pot et, Ieng Sang le vice-Premier ministre.

La ratification de l'accord a permis de démarrer les activités des chambres extraordinaires et de l'instruction.

Kaing Guek Eav surnommé Douch a été traduit devant les chambres extraordinaires mises sur pied pour juger le génocide cambodgien et les responsables khmers rouges.

Il dirigeait la célèbre prison khmer rouge « S-21 » de Tuol Sleng à Phnom Penh où ont péri plus de 15 000 personnes entre 1975 et 1979.

Douch comparaissait pour crimes de guerre et crimes contre l'humanité. L'intéressé passible de la prison à perpétuité a été condamné à trente-cinq ans de prison ramenés à trente ans en raison d'une détention illégale ordonnée par un tribunal militaire cambodgien (10 mai 1999 – 13 juillet 2007). Il faut noter que le procureur avait requis 40 ans.

C'était le premier procès d'un haut responsable khmer rouge.

II.2.4- Autres tribunaux à caractère international : le Timor Leste et le Liban

Deux autres cas sont à retenir, celui des chambres spéciales pour les crimes graves du Timor Leste et celui du tribunal international du Liban.

a. Le Tribunal international spécial du Timor Leste

1. Par sa résolution 1272 du 25 octobre 1999, le Conseil de sécurité a créé l'administration transitoire des nations unies au Timor oriental (ATNUTO).

Il était reconnu à l'ATNUTO le pouvoir d'exercer l'administration de la justice au Timor oriental.

Conformément aux règlements 2000/11 du 6 mars 2000 et 2000/15 du 6 juin 2000, cet organisme a mis en place une juridiction spéciale pour juger des violations graves des droits de l'Homme commises pendant le conflit au Timor oriental.

Deux formations de jugement ont été créées :

- une formation de jugement spéciale rattachée à la cour de district de Dili la capitale (articles 10.3 du règlement 2000/11 et 1.1 du règlement 2000/15) ;

- et une formation de jugement spéciale rattachée à la cour d'appel de Dili pour connaître des appels formés contre les jugements de la formation de 1ère instance du règlement 2000/15.

Ces formations sont connues sous le nom de *special panels for serious crimes,* c'est-à-dire les « chambres spéciales pour les crimes graves ».

2. Ces deux chambres sont composées chacune de :

- deux juges internationaux et d'un juge timorais (articles 22.1 et 22.2 du règlement 2005/15).

Toutefois, pour des affaires présentant une grande importance, l'article 22.2 du même règlement prévoit une formation de 3 juges internationaux et de 2 juges timorais.

- Un procureur général chargé de porter les accusations pour les violations graves sous la supervision du procureur général du Timor Leste.

Il dirige le *Serious crimes Unit* (SCU) ou « Groupe d'enquête sur les crimes graves », chargé des enquêtes et de l'inculpation des responsables des violations graves des droits de l'Homme commises au Timor oriental en 1999.

Le mandat de la SCU s'est achevé en 2005.

3. La compétence des chambres spéciales était exclusivement réservée au jugement des violations graves des droits de l'Homme commises pendant le conflit du Timor oriental.

La lecture des articles 5 à 9 du règlement 2000/15 comprend dans cette compétence exclusive plusieurs infractions :

- les actes de génocide ;

- les crimes de guerre ;

- les crimes contre l'humanité ;

- les meurtres ;

- les agressions sexuelles ;

- et les actes de torture.

Ceci explique la violation grave non seulement des conventions internationales humanitaires connues (conventions de Genève, protocoles additionnels, statut de Rome de la CPI), mais aussi des lois pénales timoraises en vigueur d'où application du code pénal local.

Cette compétence a été toutefois soigneusement encadrée :

- la période couverte pour les agressions sexuelles, les meurtres, et les actes de torture était réduite, comprise entre le 1er janvier et le 25 octobre 1999 ;

- les autres crimes ne connaissent aucune restriction ;

- ces crimes doivent être commis sur le territoire du Timor oriental par un citoyen de ce territoire ou contre un citoyen de ce territoire.

La dernière condition restrictive fait problème. Elle écartait le cas d'autres auteurs, particulièrement indonésiens. Cas de Wiranto, ministre indonésien, de l'ancien gouverneur du Timor et de six hauts responsables militaires.

Les deux gouvernements ont semblé s'orienter vers une solution politique en créant une commission conjointe de vérité et d'amitié chargée d'enquêter sur les violations graves des droits de l'Homme commises par les forces indonésiennes.

Le mandat de cette commission était tout à fait incompatible avec les normes internationales qui refusent de laisser impunis les crimes graves.

Le Conseil de sécurité l'a affirmé dans sa résolution 1599 du 28 avril 2005 et, demandé « d'amener les responsables de violations graves des droits de l'homme commises au Timor Leste en 1999 à en répondre véritablement ».

Le groupe d'enquête C54 a lancé 95 actes d'accusation confirmés à l'encontre de 392 personnes et 284 mandats d'arrêt.

b. Le Tribunal spécial pour le Liban

1. Il a été créé par la résolution 1757 du Conseil de sécurité du 30 mai 2007 qui donne mandat au Secrétaire général des Nations Unies pour prendre toutes les mesures nécessaires à l'établissement du tribunal spécial sur demande du premier ministre libanais Fouad Siniora.

Demande survenue après l'attentat sanglant du 14 février 2005 ayant entraîné la mort du premier ministre Rafic Hariri et les attentats perpétrés depuis le 1er octobre 2004.

Par la résolution 1664 du 29 mars 2006, le Conseil de sécurité approuve la création d'un tribunal international. Il demande alors à Kofi Annan de négocier un accord avec le gouvernement libanais « en vue de la création d'un tribunal interne fondé sur les normes internationales de justice pénale les plus élevées ».

L'aboutissement du projet va être extrêmement laborieux :

- le 21 novembre 2006, le Conseil de sécurité approuve le projet négocié par le secrétaire général avec le gouvernement libanais ;

- le 6 février 2007, l'ONU signe un accord avec le Liban pour l'établissement d'un tribunal spécial pour le Liban.

Le projet se retrouve bloqué pendant quatre mois au parlement libanais qui refuse de le ratifier.

L'ONU va l'imposer de force.

Le Conseil de sécurité de l'ONU va voter, dix (10) voix contre cinq (5) et deux (2) abstentions (Russie et Chine) dans le cadre du chapitre VII de la Charte, une résolution obligatoire, la résolution 1757 créant un Tribunal spécial pour le Liban.

Ladite résolution, juridiquement contraignante, prévoit une entrée en vigueur automatique le 10 juin 2007 de la convention signée avec l'ONU.

Le Tribunal spécial pour le Liban est ainsi « imposé à ce pays après le recours à une procédure d'enquête internationale diligentée par le même Conseil de sécurité » (résolution 1595 du 7 avril 2005).

La mission du tribunal pour le Liban risque de se dérouler dans un climat explosif et elle sera à suivre.

III- AUTRES VOIES DES SANCTIONS DES VIOLATIONS

La sanction par les juridictions nationales ou les juridictions internationales des violations du droit international humanitaire pose peu de problèmes, comparée à deux autres modes que sont la compétence nationale universelle (Belgique) et les interventions humanitaires.

III.1- LA SANCTION DES VIOLATIONS GRAVES PAR LA COMPETENCE NATIONALE UNIVERSELLE

Le mécanisme de la compétence universelle mérite une étude spéciale. Pour le faire, le cas belge va nous servir de modèle.

III.1.1- Le mécanisme de la compétence universelle

1. La « compétence universelle » se définit comme la compétence exercée par un État qui poursuit les auteurs de certains crimes quel que soit le lieu où le crime a été commis et sans égard à la nationalité des auteurs ou des victimes.

Ce genre de dispositions légales constitue une dérogation majeure à la territorialité du droit pénal et à l'imperium sur les nationaux.

La compétence est universelle, donc *erga omnes* et *erga totiae* et ces dispositions tendent à combattre l'impunité des crimes graves en particulier, les crimes de guerre et les crimes contre l'humanité commis de par le vaste monde.

La compétence devient extraterritoriale et d'attribution auto-souveraine et unilatérale. Elle est une exception au principe de territorialité du droit pénal.

Certaines conventions ratifiées par l'État peuvent la rendre obligatoire d'une part. D'autre part, elle peut coutumièrement résulter du principe « *aut dedere, aut judicare* », soit juger par la juridiction nationale, soit extrader pour une juridiction internationale.

Selon Michel Bélanger[1], le principe aurait été retenu par la loi de 1884 de la république argentine, par le code pénal italien de 1889, le code pénal norvégien de 1902 et le code pénal russe de 1903.

Il note de même l'effet d'autres conventions conférant compétence obligatoire :

- article 3 commun aux conventions de Genève de 1949,

- article 85, paragraphe 1 du protocole additionnel I de 1977,

- article 4 de la convention de New York du 30 novembre 1973 sur l'élimination et la répression du crime d'apartheid,

- articles 6.1 et 7 de la convention européenne pour la répression du terrorisme du 27 janvier 1977 et,

- article 6 de la convention de New York du 10 décembre 1984 contre la torture.

2. La doctrine distinguerait deux types de compétences universelles, la compétence universelle obligatoire et la compétence universelle absolue.

i) La compétence universelle est obligatoire en droit international dans la mesure où elle résulte des obligations conventionnelles et pour certains types de crimes réputés, crimes de guerre, crimes contre l'humanité, crime de génocide alors que la convention de Paris (article VII) n'impose qu'une obligation d'extrader.

ii) La compétence universelle est absolue dans certains codes, à l'exemple de l'article 689 du code pénal français.

Les juridictions de la République française peuvent poursuivre et juger les auteurs d'infractions commises hors du territoire français.

---

[1] Bélanger (M.), *op cit.*, p. 129.

La Cour européenne de justice (CEDH) en mars 2009, dans l'affaire Ould Dab contre République française, s'est prononcée sur la conventionalité du système français de compétence universelle[1].

La Cour de cassation (chambre criminelle) ayant en 2003 rendu un arrêt qui estimait que la loi d'amnistie mauritanienne du 14 juin 1993 ne saurait empêcher des poursuites contre un officier mauritanien se trouvant en France et ayant commis des actes de torture en Mauritanie[2].

3. Plusieurs pays ont institué la compétence universelle dans leurs dispositions pénales.

La **République fédérale allemande** y a consacré le paragraphe 6 du chapitre 9 du Code pénal. En effet, la *Völkerstrafgesetzbuch* (VSTGB) a fait entrer dans le droit allemand, les crimes de droit international public suivant une loi de juin 2002.

Ces crimes couvrent les notions de génocide, de crime contre l'humanité et de crime de guerre. Ils sont imprescriptibles et sont jugés quelle que soit la nationalité des auteurs ou le lieu de commission des crimes. Cette loi fait appel au principe de subsidiarité selon lequel une juridiction allemande ne peut être saisie que si aucune autre instance n'a pu se saisir du dossier.

Les **États-Unis** par l'*Alien torts claim act* de 1789 se sont donné le droit de juger les actes de piraterie qu'ils ont voulu réveiller à l'occasion des attaques contre les intérêts américains (IBM).

L'**Espagne** qui reconnaît depuis 2005 le principe de compétence universelle établissait que les cours espagnoles peuvent être saisies au sujet d'affaires concernant des personnes de quelque nationalité que ce soit et en n'importe quel lieu, y compris hors d'Espagne.

Les crimes doivent entrer dans une certaine catégorie dont le terrorisme, les crimes de guerre ou le génocide.

En 2009, 16 enquêtes différentes concernant des crimes de torture, génocide ou crimes contre l'humanité étaient en cours[3]. Deux visent les États-Unis, un responsable rwandais, trois responsables chinois, deux officiers israéliens, des militaires du Guatemala, du Salvador et du Maroc[4].

Le **Canada** a adopté le 23 octobre 2000, une loi sur la compétence universelle c'est-à-dire la loi sur les crimes contre l'humanité et les crimes de guerre. Elle a donné lieu au procès du Rwandais Désiré Munyaneza à Montréal[5].

---

[1] CEDH 17 mars 2009, n° 13113/03 Ould c France.
[2] Cass crim 10 janvier 2009 n° 09-85375.
[3] Voir annexe n° III, Etat des poursuites en Espagne en 2009.
[4] Voir site de la justice du Canada pour le texte.
[5] *Ibid.*

La **Suisse** a opté aussi pour la compétence universelle absolue pour juger les crimes de guerre commis en ex-Yougoslavie et au Rwanda, mais a dû l'abroger eu égard aux problèmes politiques et diplomatiques qu'elle posait.

Israël a adopté, avant la lettre, cette compétence universelle en procédant au procès Adolf Eichmann et en considérant les crimes nazis contre les Juifs comme des infractions entrant dans un cadre exceptionnel. La Cour suprême a élargi cette compétence aux crimes contre l'humanité[1].

III.1.2- Le cas belge et les aléas de la compétence universelle

1. La loi belge sur la compétence universelle a été votée le 16 juin 1993, à l'unanimité.

Cette loi pionnière de 1993 concernait la répression des infractions graves aux conventions de Genève du 12 août 1949 et aux protocoles additionnels I et II du 8 juin 1977. Elle a été étendue au crime de génocide en 1999.

Trois éléments majeurs rendent la perception belge de la compétence universelle profondément différente de celle des autres lois :

- elle s'applique sans considération du lieu où l'auteur présumé peut se trouver ;
- le mode de plainte est la simple constitution de partie civile ;
- l'immunité n'exonère pas des poursuites.

Par cette loi, la posture belge a été considérée comme un véritable progrès vers la démocratie internationale et vers une justice internationale émergente, conférant du même coup à la Belgique, un statut de modèle pour la justice internationale.

Il s'en est suivie un grand enthousiasme qui a fait dire que la loi belge avait pour but de contribuer à détruire « les murs d'impunité » derrière lesquels s'abritent les tyrans et les autres tortionnaires dans leurs pays d'origine.

Trois règles jouent favorablement à cet égard :

- aucun critère de rattachement avec le pays qui poursuit n'est exigé ;
- une simple plainte déposée auprès d'un juge d'instruction déclenche les poursuites ;
- la loi du 10 février 1999 va compléter la loi de 1993 en étendant sa compétence aux crimes de génocide et aux crimes contre l'humanité.

2. Cette extrême souplesse de la procédure va littéralement transformer les tribunaux belges en attractions contre les violations graves du droit international humanitaire et des droits de l'Homme.

---

[1] Craig Whitlock, "Spain Judges cross borders in Rights cases" *Washington Post*, 24 may 2009.

En application de cette loi belge de compétence universelle, plusieurs hautes personnalités sont alors poursuivies. Ce sont certains chefs d'État et de gouvernement, et des ministres au rang desquels peuvent être cités : les présidents mauritanien Maaouya Ould Sid'Ahmed Taya ; irakien, Saddam Hussein ; ivoirien, Laurent Gbagbo ; rwandais, Paul Kagamé ; cubain, Fidel Castro, centrafricain, Ange-Félix Patassé ; congolais, Denis Sassou Nguesso ; Yasser Arafat, président de l'Autorité palestinienne ; les ancien présidents tchadien Hissein Habré ; chilien, le général Augusto Pinochet ; iranien, Hashemi Rafsanjani ; le premier ministre israélien Ariel Sharon, l'ancien ministre de l'Intérieur du Maroc Driss Basri, l'ancien ministre des Affaires étrangères de la République démocratique du Congo Abdoulaye Yerodia Ndombasi.

Les plaintes déposées contre Laurent Gbagbo ont finalement été retirées ».

3. Ce succès porte en soi les ferments du recul de la Belgique et de sa conception initiale de la compétence universelle *erga omnes* et *erga totiae* en matière humanitaire.

Avec l'inculpation du général Ariel Sharon, Israël a décidé de rappeler son ambassadeur.

Les États-Unis attaqués pour les atrocités de la guerre du Golfe et de l'Irak (utilisation des bombes à fragmentation et bombardements des abris) vont se rebiffer.

Donald Rumsfeld, secrétaire d'État à la Défense va proposer le déménagement du siège de l'Otan de Bruxelles vers un État de l'Europe de l'Est. Le boycott du port d'Ansvers est programmé.

Alors, la Belgique va reculer et modifier la loi du 16 juin 1993 complétée par la loi du 10 février 1999.

La loi du 1er août 2003 va se limiter à la simple transcription de la lettre du droit international humanitaire dans le droit national belge.

Et la Belgique va passer de la compétence universelle absolue à la compétence universelle conditionnée par un rattachement par la nationalité de l'auteur ou de la victime, la résidence en Belgique depuis trois ans.

Par ailleurs, seul le procureur peut désormais déclencher la procédure.

La loi relative aux violations graves du droit international humanitaire de 2003[1] abroge la loi de 1993 modifiée par les lois du 10 février 1999 (article 27) et les modifie.

Elle modifie l'article 136 du code pénal belge et s'en tient aux définitions usuelles et conventionnelles des crimes.

---

[1] Voir session extraordinaire 2003. Projet de loi n° 51-103/1.

Les infractions sont punies de la réclusion à perpétuité (article 136 quinquies).

Elle innove en admettant « qu'en raison des circonstances concrètes de l'affaire, il ressort que, dans l'intérêt d'une bonne administration de la justice et dans le respect des obligations internationales de la Belgique, le procureur fédéral ne peut requérir le juge d'instruction pour instruire cette affaire (article 18 al de la loi).

« Elle devrait alors être portée, soit devant les juridictions internationales, soit devant la juridiction du lieu où les faits ont été commis, soit devant la juridiction de l'État dont l'auteur est ressortissant ou celle du lieu où il peut être trouvé ».

Toutefois, ladite juridiction doit présenter des qualités d'indépendance, d'impartialité et d'équité comme cela peut ressortir des engagements internationaux de la Belgique.

Le procureur fédéral peut tout simplement classer l'affaire sans suite. Il le notifie au ministre de la Justice en motivant sa décision et visant les points énumérés par la loi.

Le ministre de la Justice informe la Cour pénale internationale de ces faits s'ils ont été commis après le 30 juin 2002.

La juridiction belge est alors dessaisie tel que le prévoit l'article 28 de la loi de 2003.

4. Le cas de la compétence universelle belge illustre le problème de l'impossibilité et de la difficulté de juger les chefs d'État et de gouvernement en activité ou d'autres personnalités d'envergure.

Les juridictions belges ont jugé jusque-là quatre ressortissants rwandais pour leur participation au génocide dans leur pays. Rien que des individus, justiciables ordinaires de l'État et des États étrangers.

Il n'y a pas de quoi pavoiser, car les têtes couronnées notamment Pinochet, Hissein Habré (qualifié de Pinochet africain), Ariel Sharon l'auteur de Saba et Chatila, et bien d'autres encore échappent à toutes sanctions.

Par ailleurs, les pesanteurs diplomatiques ont fait reculer la Belgique.

La Cour pénale internationale reste la seule juridiction d'envergure pour cette tâche. Encore que d'autres États préfèrent une intervention humanitaire ou l'invocation directe du droit d'ingérence humanitaire.

III.2- LA SANCTION DES VIOLATIONS GRAVES GRACE AUX MECANISMES HUMANITAIRES

L'euphémisme « mécanismes humanitaires » désigne ici deux interventions contestées de sanction du droit international humanitaire :

- la vieille « intervention d'humanité »,

- et la récente « ingérence humanitaire ».

III.2.1- La sanction par l'intervention d'humanité

1. L'« intervention d'humanité », ou « intervention humanitaire » ou « protection d'humanité » est une vieille notion haridelle des politiques de domination occidentale[1] et à s'en tenir aux mots de Jean Marie Crouzatier, peut être un autre avatar de l'impérialisme[2].

L'expression serait de Lion Bourgeois qui parle également de « protection d'humanité » reposant sur la notion d'ordre public international.

Les jurisconsultes l'ont progressivement étayée et esquissée.

Des études sur cette notion ont été publiées[3].

Hubert Thierry affirme « qu'elle avait pour objet de protéger non plus les nationaux des États intervenants, mais les ressortissants de l'État où l'intervention avait lieu, lorsqu'ils étaient victimes de traitements contraires aux lois d'humanité »[4].

Il cite l'exemple des interventions répétées des grandes puissances dans l'Empire ottoman.

Michel Bélanger affirme de son côté que l'intervention armée d'humanité s'analyse aujourd'hui comme une action unilatérale étatique (un État ou un groupe d'États) pour la protection de nationaux de l'État ou des États intervenant à l'extérieur de leurs frontières.

Cette conception plus large inclut donc la défense des nationaux et des biens de l'État intervenant.

---

[1] Voir HUBERT THIERRY (Serge), *Droit international public*, Précis Domat, Collection universelle nouvelle Edition Montchrestien, 1967, p.573.
Bélanger (M.), *op cit.*, pp.88-90.
[2] CROUZATIER (J. M.), » Le principe de la responsabilité de protéger l'avancée de la solidarité nationale ou ultime avatar de l'impérialisme », *Revue Aspects* n° 2008, pp. 13-32.
[3] Voir ROLIN (Gustave), *Revue de droit international et de législation comparée*, 1876.
ROUGIER (Antoine), *Etude dans la Revue générale de droit international public* 1910.
[4] HUBERT THIERRY, *op cit*, p. 544.

Cette seconde acception de la notion d'intervention d'humanité est plus impérialiste. Elle érige en droit de l'État ou des États intervenant, la protection humanitaire de leurs nationaux et de leurs biens.

Max Hubert, arbitre international de renom a pu écrire : « qu'il est incontestable qu'à un certain point, l'intérêt d'un État de pouvoir protéger ses ressortissants et leurs biens, doit primer le respect de la souveraineté territoriale et cela même en l'absence d'obligations conventionnelles (ONU recueil des sentences arbitrales New York, 1950, tome, II p.641 - Rapport du 23 octobre 1924 à propos de la sentence du 1er mai 1925 dans l'affaire des réclamations britanniques dans la zone du Maroc espagnol ; Maroc contre Royaume-Uni).

La pratique consolidée des interventions d'humanité a donc tendu à recouvrir l'un et l'autre type d'interventions à savoir, la protection de certains nationaux de l'État de résidence contre des traitements inhumains intolérables et la protection des nationaux des États intervenants et de leurs biens.

Plusieurs exemples peuvent être cités à cet égard :

- le traité de Kutchuk-kaïnardji de 1774 accordait à la Russie le droit de protection sur les sujets orthodoxes de l'Empire ottoman. L'Angleterre, la France et la Russie sont intervenues en 1826 pour défendre les insurgés orthodoxes ;

- plusieurs expéditions dont celle franco-britannique à Suez en 1956, l'intervention américaine à Saint Dominique en 1965, l'intervention belge au Congo en 1960... se sont déroulées au XXe siècle pour la protection de la vie et des biens des nationaux.

2. Le problème principal est de déterminer la légalité internationale de telle ou telle intervention d'humanité.

La position de la doctrine occidentale est ambiguë, dispersée, partisane malgré les textes et la jurisprudence.

Sir Humphrey Waldock rapporté par H. Thierry, se prononce pour la légitimité de l'emploi de la force pour la protection des nationaux sous réserve des modalités précises inspirées par le droit des Nations Unies sur la légitime défense : menace imminente pour la sécurité des nationaux, carence des autorités locales, limitation de l'intervention à son objet[1].

Browlie se montre plus sévère. Il fait valoir, comme le souligne H. Thierry, qu'une interprétation stricte de la Charte ne laisse place qu'à deux hypothèses d'emploi de la force que sont la légitime défense et l'action collective. Il insiste également sur les risques d'abus[2].

---

[1] RCADI cours 1962 II, p 241.

[2] BROWLIE, P*rinciples of international*, 2e Edition, 1973.

Claude Leclercq[1] affirme la licéité de l'intervention belge au motif que la souveraineté du Congo n'était plus effective pour permettre au gouvernement congolais de faire face à la situation. Il ya donc, intervention par nécessité et substitution.

Jean Marie Crouzatier pose à juste titre la problématique de l'intervention humanitaire. Mais comment justifier « cet humanitaire d'État » alors que l'article 2 de la Charte de l'ONU mentionne l'exclusivité de la compétence étatique sur les affaires intérieures et surtout le principe de non-ingérence dans les affaires d'un autre État ?...

L'expression « ingérence humanitaire » est un oxymoron, c'est-à-dire une alliance de mots contradictoires[2]. Pour lui, l'ingérence « même humanitaire » reste donc aujourd'hui illégale. L'obligation reste de respecter et faire respecter. Il faut craindre l'instrumentalisation politique de ce principe par les grandes puissances et sa mise au service de la politique de puissance[3].

Les textes semblent opposés à une telle pratique qui se révèle être apparentée à une politique de force et de domination :

- d'abord, la Charte des Nations Unies, chapitre II paragraphe IV, qui déclare que les États doivent s'abstenir de la menace ou de l'emploi de la force contre l'intégrité territoriale ou l'indépendance politique de tout État, soit de toute autre manière incompatible avec les buts des Nations Unies... ;

- ensuite, les chartes des organisations internationales régionales (Union africaine, Organisation des États américains... etc.) qui reprennent ces dispositions ;

- l'article 14 de la Convention internationale contre la prise d'otage adoptée le 17 décembre 1979 par l'Assemblée générale des Nations Unies pose le principe de l'interdiction accomplie dans le but (humanitaire) précis de libérer les otages.

Un parcours méthodique de la jurisprudence internationale **rend précaire** et **aléatoire** le droit d'intervention humanitaire :

- l'**affaire de Corfou** (CIJ arrêts des 25 mars 1948 et 9 avril 1949 entre le Royaume-Uni et l'Albanie ne laisse aucune place au « *self remedy* » en droit international);

International law and the use of force, p. 364.

[1] *L'ONU et l'affaire du Congo*, Paris, 1964, p. 53.

[2] CROUZATIER (J. M.), « Le principe de la responsabilité de protéger : avancée de la solidarité internationale ou ultime avatar de l'impérialisme », *Revue Aspects* n° 2, 2008, pp. 13-32 ; pp.16, 17, 20.

[3] *Ibid.*

- l'affaire des activités militaires et paramilitaires au Nicaragua (CIJ du 27 juin 1986) confirme le principe de l'inadmissibilité de l'intervention armée pour assurer le respect des droits de la personne humaine et condamne l'intervention humanitaire armée tout en acceptant « l'assistance humanitaire ».

III.2.2- La sanction par l'acceptation du « droit d'ingérence humanitaire »

1. Le caractère illicite des interventions d'humanité « a amené la doctrine à prôner un nouveau droit, celui d'ingérence humanitaire ayant pour conséquence objective la nécessité d'une assistance humanitaire dans les cas de situations désespérées ».

L'ingérence humanitaire s'analyserait comme un droit d'assistance humanitaire même non sollicitée par un État.

2. L'expression « d'ingérence humanitaire » serait de Jean François Revel (article de *L'Express*, juin 1979).

René Cassin serait le père du droit d'ingérence et, deux résolutions du Conseil de sécurité, à la base de ce prétendu droit.

D'abord la **résolution 688** du 5 avril 1991 adoptée à l'initiative de la France, avec le parrainage des États-Unis, du Royaume-Uni et de la Belgique pour permettre « la réalisation des aspirations légitimes du peuple Kurde dans toutes ses composantes » et, stopper une menace à la paix, résultat de la répression des populations civiles irakiennes, y compris très récemment dans les zones de peuplement kurde, laquelle conduit à un flux massif de réfugiés vers les frontières internationales.

Le Conseil demandait à l'Irak de mettre fin sans délai à cette répression. Et le Secrétaire général de l'ONU était prié « de poursuivre la coopération humanitaire en Irak ».

Quant à la **résolution 794** adoptée par le Conseil de sécurité le 3 décembre 1992 en vertu du chapitre VII de la Charte, elle porte sur la Somalie.

Elle affirme « la nécessité urgente d'acheminer rapidement l'aide humanitaire dans l'ensemble du pays dans la mesure où l'ampleur de la tragédie humaine causée par le conflit en Somalie constitue une menace à la paix et à la sécurité internationales ».

3. Le droit d'ingérence humanitaire reste comme le droit à l'intervention d'humanité très contesté.

Michel-Cyr Djiena Wembou et Daouda Fall affirment avec véhémence que « l'ingérence humanitaire aspire par essence à la normativité, mais elle ne trouve pas encore sa place dans le droit international public général, elle ne reflète pas l'*opimo juris*. En agissant, le Conseil s'est placé dans le cadre du droit humanitaire contenu dans les conventions de 1949 et des protocoles additionnels de 1977… »[1].

Pour ces auteurs, il aboutit à la dénaturation de l'assistance humanitaire (opérations *Provide comfort* et *Restore Hope*, Opération turquoise…).

4. Toutefois, la Charte des Nations Unies resterait une des bases de la consolidation et du **développement de ce prétendu nouveau droit**.

La Charte de l'Organisation des nations unies recense parmi les buts des Nations Unies, celui de réaliser la coopération internationale en résolvant les problèmes internationaux d'ordre économique, social, intellectuel ou humanitaire, « en développant et en encourageant le respect des droits de l'homme et des libertés fondamentales pour tous sans distinction de race, de sexe, de langue ou de religion » (article 1er paragraphe 3 et le chapitre VII de la Charte).

5. Dans ce cadre, ce prétendu droit apparaîtrait comme une sorte de « garantie humanitaire collective ».

Il faut se méfier de la prolifération des ingérences humanitaires :

- ingérence religieuse pour protéger les missionnaires comme autrefois ;

- ingérence démocratique ressuscitant les vieilles doctrines Tobai et Estrada ;

- ingérence économique avec la pratique de l'embargo ;

- ingérence judiciaire pour contester l'équité des procédures contre les étrangers occidentaux ;

- ingérence pour les droits des homosexuels…

Toutefois, le droit d'ingérence pourrait connaître d'heureux développements avec l'accord de toute la communauté internationale, le nord et le sud dans le cadre des Nations Unies dans plusieurs domaines, notamment :

- la famine et de la nutrition en prônant l'interdiction de laisser mourir de faim des individus ou des populations dans le cadre de la FAO (Organisation des nations unies pour l'alimentation et l'Agriculture) ;

- la santé avec le développement dans le cadre de l'OMS (Organisation mondiale de la santé) d'un droit d'ingérence humanitaire sanitaire contre les grandes pandémies (Sida, ébola et autres…) ;

- l'environnement avec le droit d'ingérence écologique pour garantir le droit à un environnement sain et protégé.

---

[1] Voir DJENA WEMBOU (M-C) et DAOUDA (F.), *Droit international humanitaire op cit.*, p.147.

Cela rentrerait normalement dans l'application de certaines conventions humanitaires (article 55 du protocole additionnel I, ou article 8 paragraphe 2 du statut de la Cour pénale internationale).

CHAPITRE IV

RECEPTION, MISE EN ŒUVRE ET DEVELOPPEMENT DU DROIT INTERNATIONAL HUMANITAIRE EN AFRIQUE

Le sentiment d'humanité fait partie du patrimoine universel en général et du patrimoine africain en particulier. Le droit international humanitaire n'est donc pas étranger à l'Afrique[1]. Et les traditions africaines plaident amplement pour lui[2].

La mise en œuvre du droit international humanitaire faisant partie du droit interne de chaque État, deux centres d'intérêt méritent dès lors d'être rapidement analysés :

- réception du droit international humanitaire sur le continent ;

- et la contribution de l'Afrique au développement de ce droit en général et d'un droit régional spécifique en particulier.

I- LA RECEPTION DU DROIT INTERNATIONAL HUMANITAIRE EN AFRIQUE

La réception s'est faite de façon classique par succession d'États dans la plupart des cas en ce qui concerne les conventions de Genève et par ratification des autres conventions humanitaires.

Michel Cyr Djena Wembou publie une liste exhaustive des États parties aux principaux traités du droit international humanitaire[3].

I.1- MODALITES D'ADHESION AUX CONVENTIONS DE GENEVE ET AUX PROTOCOLES ADDITIONNELS

L'adhésion de l'Afrique aux conventions de Genève est massive. Trois modalités sont à retenir :

- l'adhésion par le biais de la succession d'États[4],

---

[1] Voir DIALLO (Y.), « Droit humanitaire et droit traditionnel africain », *Revue internationale de la Croix-Rouge*, n° 686 février 1976, pp .96-75 et n° 692 août 1976, pp. 451-466.
BELLO (E.), *African custumary humanitarian law,* ICRC Geneva, Oyez publishing limited.

[2] *Ibid.*

[3] Voir DJENA WEMBOU (M-C) et DAOUDA (F.), *Droit international humanitaire op cit., annexe III*, pp.341-345.

[4] Voir Pour les dettes et les biens.

- l'adhésion sans déclaration unilatérale des États contractants,

- et l'adhésion par incorporation.

a. L'adhésion par le biais de la succession d'État

La dénomination de « convention de Genève » est couramment employée dans la pratique et la doctrine pour désigner la *Convention pour l'amélioration du sort des militaires blessés* dans les armées en campagne, signée à Genève, le 22 août 1864, et les conventions ultérieures qui l'ont remplacée, particulièrement les quatre conventions de Genève de 1949 aujourd'hui complétées par deux protocoles additionnels (CICR, *Les conventions de Genève du 12 août* 1949, Genève, 1951) :

i) convention de Genève pour l'amélioration du sort des blessés et des malades dans les forces armées en campagne du 12 août 1949 ;

ii) convention de Genève pour l'amélioration du sort des blessés, des malades et des naufragés des forces armées sur mer du 12 août 1949 ;

iii) convention de Genève relative au traitement des prisonniers de guerre du 12 août 1949 ;

iv) convention de Genève relative à la protection des personnes civiles en temps de guerre du 12 août 1949.

Toutes ces quatre convention ont en commun un article 3 particulièrement fondamental : « A cet effet, sont demeurées prohibées en tout temps et en tout lieu à l'égard des personnes mentionnées :

a) les atteintes portées à la vie et à l'intégrité corporelle, notamment le meurtre sous toutes ses formes, les mutilations, les traitements cruels, tortures et supplices ;

b) les prises d'otages ;

c) les atteintes à la dignité des personnes notamment les traitements humiliants et dégradants ;

d) les condamnations prononcées et les exécutions effectuées sans un jugement préalable, rendu par un tribunal régulièrement constitué, assorti des garanties judiciaires reconnues comme indispensables par les peuples civilisés ».

La République française a adhéré aux quatre conventions le 28 juin 1951. Comme elle assumait les relations extérieures de ses colonies d'Afrique noire francophone, cet engagement était également valable sur le territoire desdites colonies. La République française s'engageait, comme les autres « hautes parties

---

BARTHELEMY YANGONGO, *La succession d'Etats en matière de biens et de dettes publics en Afrique équatoriale Bangui 1976*, Imprimerie Saint Paul.

contractantes », à respecter en tout temps ces conventions sur tout ou partie de son territoire même si l'état de guerre n'était pas reconnu par l'autre partie en conflit. Le Comité international de la croix-rouge pouvait offrir ses services aux parties en conflit.

Il convient de noter que l'Egypte et l'Ethiopie furent les seules « hautes parties » contractantes africaines à signer, à l'origine, l'acte final de la Conférence à partir du quel fut élaboré ces quatre conventions. Les États d'Afrique noire d'expression française n'existaient pas encore.

Le plus étonnant est de constater aujourd'hui que ces quatre conventions ont reçu une large adhésion de la part des États de l'Afrique francophone apparus sur la scène internationale durant l'année 1960.

Les dispositions internes des quatre conventions organisaient les modes homothétiques de signature, de ratification, d'entrée en vigueur, de notification des adhésions et d'enregistrement des quatre conventions (voir dispositions finales). Elles étaient établies en français et en anglais, les deux textes étant également authentiques ; elles étaient ouvertes, dès leur entrée en vigueur, à l'adhésion de toute puissance ne les ayant pas signées ; la communication des ratifications ou adhésions reçues des parties au conflit devait être faite par le conseil fédéral suisse par la voie la plus rapide ; le conseil fédéral suisse devait enregistrer celles-ci au secrétariat des Nations Unies et informer ledit secrétariat de toutes les adhésions ou ratifications.

Les États de l'Afrique noire d'expression française ont presque tous adhéré à ces quatre conventions.

Un certain nombre de ces États l'ont fait en souscrivant une déclaration de succession aux engagements pris par la République française à l'égard des conventions de Genève et en souscrivant une libre et entière obligation internationale de demeurer liés par les quatre conventions de Genève de 1949. Ce sont : le Bénin (14 décembre 1961), le Burundi (27 décembre 1971), le Cameroun (16 septembre 1963), le Congo (30 janvier 1967), la Côte d'Ivoire (28 décembre 1961), le Gabon (20 février 1965), la Mauritanie (27 octobre 1962), le Niger (16 avril 1964), le Sénégal (23 avril 1963), le Rwanda (6 janvier 1962), le Togo (6 janvier 1962), la Haute-Volta devenue Burkina Faso (7 novembre 1961), le Zaïre (20 février 1961).

D'autres États ont préféré contracter leurs engagements par accession aux quatre conventions qui ne prévoyaient pour cela aucune limite de temps. Ce sont le Mali (24 mai 1965) et le Tchad (5 août 1970).

La République populaire et révolutionnaire de Guinée reste le seul État de l'ex-ensemble français à n'avoir pas adhéré aux quatre conventions de Genève de 1949, constituant, encore une fois, un particularisme diplomatique. Elle partage cette situation avec treize autres États membres de l'Organisation des nations unies et quatre États non membres : (Angola, Bhoutan, Birmanie, Cap-Vert, Comores, Dominique, Guinée équatoriale, Grenade, Maldives, Mozambique, Nauru, Sainte-Lucie, Saint-Vincent, Samoa, Seychelles, Salomon et Touvalu). Le caractère récent de l'indépendance de beaucoup de ces États, « minuscules » pour la plupart, explique cette abstention à l'égard d'une série de conventions devenues remarquablement universelles.

b. L'adhésion sans déclaration unilatérale des États contractants

Le plus remarquable dans cette aux quatre conventions de Genève de 1949 est qu'elle s'est faite partout sans réserves, c'est-à-dire sans déclaration unilatérale de la part d'aucun des États contractants visant à exclure ou à modifier l'effet juridique de certaines dispositions des quatre conventions dans leur application à chaque État (cf. article 2, alinéa 1d de la convention de Vienne sur le droit des traités du 23 mai 1969).

Cette absence de réserve marque par la forme même de certaines déclarations de succession. Par exemple, le gouvernement de la Haute-Volta, par une « déclaration de continuité » rétroactive prenant effet dès la date d'accession de ce pays à l'indépendance (5 août 1960), a fait savoir au conseil fédéral suisse par une lettre reçue à Berne le 7 novembre 1961, qu'il se considérait comme lié par les conventions de Genève du 12 août 1949 en vertu de la ratification de celles-ci par la République française. Dans le même esprit, le 7 septembre 1961, en proclamant, conformément aux statuts de la Croix-Rouge internationale, la reconnaissance de la Croix-Rouge togolaise, le Comité international de la Croix-Rouge (CICR) a constaté que la République togolaise était partie aux conventions de Genève de 1949 en vertu de la ratification de celles-ci par la France en 1951[1].

Il convient de noter que les pays africains anglophones n'ont pas pu suivre une pareille procédure avant la ratification de ces conventions par la Grande-Bretagne. C'est ainsi que le Ghana n'y accéda pas en qualité d'État successeur mais en qualité d'État indépendant se liant par le principe *pacta sunt servanda*.

Cette absence formelle de réserve de la part des jeunes États africains noirs francophones étonne. Un auteur[2] a pu recenser pour les États anciens les réserves opposées aux quatre conventions de Vienne :

- réserves quant à la désignation de la puissance protectrice (Albanie, République démocratique d'Allemagne, URSS, République démocratique de Chine, Portugal, Roumanie, etc.) ;

---

[1] Voir H. Coursier, « *Accession des nouveaux Etats africains aux conventions de Genève* », AFDI, 1961, pp. 760-761.

[2] C. Pilloud, « *Les réserves aux conventions de Genève de 1949* », extrait de la *Revue internationale de la Croix-Rouge*, avril 1976, p. 3 et mars 1976, p. 131.

- réserves d'Israël qui se servira du bouclier de David…

Il est intéressant de constater qu'un État africain frère, la Guinée-Bissau a refusé de reconnaître les conditions prévues à l'article 13 de la convention n° I et à l'article 13 de la convention n° II « parce que ces conditions ne conviennent pas aux cas des guerres populaires menées aujourd'hui ». Aucun État africain francophone n'a étonnamment manifesté une pareille attitude de réserve. Pourtant, le droit international humanitaire a pu faussement paraître étranger à l'Afrique.

c. Adhésion par incorporation

D'autres pays ont adhéré et ratifié par incorporation dans leurs droits internes ces documents.

La Côte d'Ivoire dès son indépendance, a adhéré par déclaration aux conventions de Genève de 1949. Elle ratifie en 1989 les deux protocoles additionnels de 1977 appliquant l'article 56 de la constitution ivoirienne du 3 novembre 1960. Ces traités ratifiés et publiés ont été introduits dans l'ordre juridique interne.

Le Sénégal a également ratifié les protocoles additionnels et déposé lesdits instruments auprès du conseil fédéral suisse le 7 mai 1985.

Le Zimbabwe est devenu partie aux conventions le 7 mars 1981 et aux protocoles additionnels le 19 octobre 1992. Une loi, la « *Geneva conventions acts* » (n° 36 CF1981) a incorporé ces règles dans le droit national de ce pays.

Le Congo Brazzville a adhéré aux conventions de Genève en 1967 et aux protocoles I et II (1983).

L'Ethiopie a adhéré aux conventions de Genève le 2 octobre 1969 et aux protocoles additionnels le 8 avril 1994.

Il faut souligner que certaines de ces conventions humanitaires présentaient bien des commodités pour les États africains.

Le droit de Genève et particulièrement le protocole additionnel n° II se prêtent à l'invocation des principes de non-ingérence et de non-intervention. En effet :

i) « Aucune disposition du présent protocole ne sera invoquée en vue de porter atteinte à la souveraineté d'un État ou à la responsabilité du gouvernement de maintenir ou de rétablir l'ordre public dans l'État ou de défendre l'unité nationale ou l'intégrité territoriale de l'État par tous les moyens légitimes » ;

ii) « Aucune disposition du présent protocole ne sera invoquée comme une justification d'une intervention directe ou indirecte pour quelque raison que ce soit, dans le conflit armé ou dans les affaires internes ou extérieures de la haute partie contractante sur le territoire de laquelle ce conflit se produit » (article 3).

L'article 3 commun aux quatre conventions originaires de Genève de 1949 dit que « l'application des dispositions qui précèdent n'aura aucun effet sur le statut juridique des parties en conflit ».

Dès lors, l'action du CICR dans les États africains qui nous intéressent, comme dans les autres, ne peut que se dérouler sous la menace de la redoutable épée de Damoclès de la souveraineté nationale[1].

Qu'en est-il des autres conventions ?

I.2- LA RECEPTION EN AFRIQUE DES AUTRES CONVENTIONS HUMANITAIRES

Michel-Cyr Djena cible également les autres conventions humanitaires incorporées par l'Afrique dans leur panthéon des normes : convention de La Haye de 1954 sur les biens culturels, convention sur les armes produisant des effets traumatiques excessifs de 1980…

I.2.1- La réception du droit de La Haye de 1907

Le droit international public classique reconnaît la guerre comme licite et se borne à en réglementer les modalités. Ces préceptes ont été codifiés par les conventions de La Haye (1907) :

- convention n° IV de 1907 ou règlement concernant les lois et coutumes de la guerre sur terre ;

- convention n° V concernant les droits et devoirs des puissances et des personnes neutres en cas de guerre[2];

- convention n° X pour l'adaptation à la guerre maritime des principes de la convention de Genève.

Le droit de La Haye ou droit de la guerre proprement dit, fixe les droits et devoirs des belligérants dans la conduite des opérations et limite le choix des moyens de nuire[3]. Il met en œuvre trois principes essentiels[4]:

i) les belligérants laisseront les non combattants hors de l'atteinte des armes et s'interdiront contre eux toute attaque intentionnelle ;

---

[1] Voir « Actions humanitaires et souveraineté nationale », *Revue internationale de la Croix-Rouge,* n° 683, novembre 1975.

[2] Voir CICR, *Ligue des sociétés de la Croix-Rouge internationale*, IIe éd. 1971, pp. 15-27. *Guerre sur terre*.

[3] PICTET (J.), *Le droit humanitaire et la protection des victimes de la guerre*, Leiden, S.W. Sijthoff, Institut Henri Dunant, 1973, p.14.

[4] PICTET (J.), *Les principes du droit humanitaire*, CICR, 1966.

ii) les attaques ne sont légitimes que dirigées contre les objectifs militaires dont la destruction totale ou partielle constituerait un net avantage militaire ;

iii) les armes de guerre propres à créer des souffrances inutiles sont proscrites.

A ces conventions s'ajouteraient les dispositions purement coutumières. Celles-ci lieraient les États africains francophones qui les acceptent expressément.

Quant aux conventions de La Haye de 1907, la République française, qui assumait alors les relations extérieures des pays de l'Afrique noire francophone, les adopta[1].

A l'origine, seuls quelques États africains signèrent ces conventions : l'Ethiopie signa la IVe et la Xe. Se fondant sur une communication du ministère néerlandais des Affaires étrangères dont le gouvernement est dépositaire de ces convenions, aucun État africain francophone ne semblait les avoir ratifiées ou adoptées expressément par la déclaration de continuité[2]. Toutefois, il convient de noter que le tribunal de Nuremberg et le tribunal de Tokyo, jugeant les criminels de guerre en 1948, ont confirmé le caractère de droit international coutumier des IIe et IVe conventions de La Haye de 1907.

I.2.2- La réception partielle du protocole de Genève de 1925

Dans ce protocole, « les hautes parties contractantes considérant que l'emploi à la guerre de gaz asphyxiants, toxiques ou similaires ainsi que de tous les liquides, matières ou procédés analogues a été à juste titre condamné par l'opinion générale du monde civilisé », en tant qu'elles sont ou qu'elles ne sont pas déjà parties à des traités prohibant cet emploi, reconnaissent cette interdiction, et « acceptent d'étendre cette interdiction d'emploi aux moyens de guerre bactériologique ».

L'adhésion à ce protocole devait être notifiée au gouvernement de la République française.

Peu d'États d'Afrique noire d'expression française ont accepté d'adhérer à cet important protocole humanitaire. Jusqu'à ce jour, seules quatre ratifications sont enregistrées :

- République de Côte d'Ivoire (1970),
- République du Niger (1967),
- République centrafricaine (1970),

---

[1] Voir POLLET (H.), Liste des engagements bilatéraux et multilatéraux au 30 juin 1972, Paris, Pédone, 1973, particulièrement pp 237-243.

[2] Voir SCHNIDLER (D.) et TOMAN (J.), *The laws of armed conflicts*, Sijthoff, pp. 57-59.

- du Rwanda (1964) ;

- une annonce de participation faite de la part de la République populaire du Congo (Brazzaville),

- et plusieurs absences de ratification ou d'adhésion de la part de la République unie du Cameroun, de la République populaire du Bénin, de la République du Gabon, de la Guinée, de la Haute-Volta, du Mali, de la Mauritanie, du Sénégal, du Tchad et du Togo.

La réticence vis-à-vis du protocole de Genève de 1925 est évidente. Toutefois, l'Assemblée générale de l'Organisation des Nations Unies a réaffirmé la participation des États francophones de l'Afrique noire en faveur du caractère général de la prohibition couvrant toutes les armes chimiques (A/RES 2603B (XXIV).

Le Burundi, le Cameroun, la Centrafrique, le Tchad, le Congo (Brazzaville), le Zaïre (Congo-Kinshasa), le Bénin (alors Dahomey), le Gabon, la Guinée, la Côte d'Ivoire, le Mali, la Mauritanie, le Niger, le Rwanda, le Sénégal, le Togo et la Haute-Volta furent parmi les quatre-vingts États ayant voté en faveur de cette résolution 2603.

I.2.3- La réception de la convention de La Haye sur la protection des biens culturels en cas de conflit armé

Cette convention pose un certain nombre de prohibitions :

i) interdiction d'exporter et obligation d'empêcher l'exportation de biens culturels d'un territoire occupé ;

ii) obligation de mettre sous séquestre les biens culturels importés sur son territoire en provenance d'un territoire occupé ;

iii) obligation de remise à la fin des hostilités, aux autorités compétentes du territoire de provenance des biens culturels placés, en vue de leur protection contre les dangers d'un conflit armé, sur le territoire d'une autre haute partie contractante.

Contrairement au protocole de Genève de 1925, cette convention a reçu une large approbation de la part des États africains francophones : Cameroun (1962), Zaïre (1961), Gabon (1962), Guinée (1960), Haute-Volta (1970), Mali (1961). Quoique le Congo Brazzaville, la Côte d'Ivoire, le Bénin, le Niger, la République centrafricaine, le Rwanda et le Sénégal ne l'aient pas ratifiée.

Il convient de noter que c'est la seule convention humanitaire reçue par la Guinée Conakry.

I.2.4- La réception des autres conventions humanitaires

1. Le 9 décembre 1948, l'Assemblée générale des Nations Unies a adopté la convention pour la prévention et la répression du crime de génocide. Ce texte est d'une importance humanitaire fondamentale. Sans être rattaché directement au droit de La Haye de 1907 ni à celui de Genève, il peut être d'une application utile en cas de guerre.

Il définit le crime de génocide comme la tentative de destruction en tout ou en partie d'un groupe national, ethnique, racial ou religieux par le meurtre, l'atteinte grave à l'intégrité physique ou mentale de membres du groupe, la soumission intentionnelle du groupe à des conditions d'existence devant entraîner sa destruction physique totale ou partielle ; par des mesures visant à freiner les naissances au sein du groupe ou par le transfert forcé d'enfants du groupe à un autre groupe.

Le génocide est déclaré comme étant un crime du droit des gens, tout comme l'entente en vue de le commettre, la tentative ou la complicité. Une cour criminelle internationale est prévue à cet effet.

La France y adhéra le 11 décembre 1948.

Par une notification reçue au Secrétariat général de l'ONU le 13 mars 1952, la Belgique étendit l'application de cette convention au Congo belge, actuelle République Démocratique du Congo et, au territoire sous tutelle du Rwanda-Burundi. Elle avait adhéré à la convention le 12 décembre 1949.

Un certain nombre d'États africains francophones ont explicitement manifesté leur adhésion à la convention. Ce sont : la Haute-Volta (14 septembre 1965), le Mali (16 juillet 1974).

Le Rwanda y a adhéré tout en émettant la réserve de ne pas voir appliquer l'article 9 de la convention faisant option obligatoire de compétence de la Cour internationale de justice en ce qui concerne les différends relatifs au génocide.

2. La convention relative au statut des réfugiés (1951) est entrée en vigueur le 22 avril 1954.

La France y a adhéré le 23 juin 1954, en l'étendant à tous les territoires qu'elle représentait sur le plan international.

Sans émettre de réserve, treize États francophones y avaient adhéré en :

- souscrivant une déclaration de succession (le Togo le 27 février 1962, le Sénégal le 2 mai 1963, la République unie du Cameroun le 23 octobre 1961, le Mali le 2 juillet 1963, le Congo le 15 octobre 1962, la Guinée le 28 décembre 1965, la Centrafrique le 4 septembre 1964, la Côte d'Ivoire le 8 décembre 1961) ;

- ou en procédant à une ratification pure et simple (le Bénin le 4 avril 1962, le Burundi le 19 juillet 1963, et le Zaïre le 19 juillet 1965).

3. Quant aux conventions relatives à l'apatridie, elles se heurtent à des obstacles en Afrique noire francophone. Elles tendent à faciliter l'acquisition d'une nationalité et à limiter les inconvénients de l'apatridie, c'est-à-dire du fait, pour un sujet déchu de sa nationalité, de n'en avoir obtenu aucune autre.

Seule la Guinée avait adhéré à la convention de New York du 28 septembre 1954 relative au statut des apatrides et aucun État francophone africain n'avait accédé à la convention sur la réduction des cas d'apatridie[1].

Le protocole relatif au statut des réfugiés[2] connaît plus de succès. On note les adhésions du Bénin, du Congo, de la Centrafrique, du Gabon, de la Guinée, du Mali, du Niger, du Cameroun, du Sénégal, du Togo et du Zaïre.

Le Burundi a assorti son adhésion d'une réserve en ce qui concerne le traitement des réfugiés qui sera le plus favorable accordé aux ressortissants d'autres États.

Le Congo a exclu l'application de l'article 4.

Par ailleurs, l'article 14 de la Déclaration universelle des droits de l'homme de 1948 adoptée par l'Assemblée générale des Nations Unies dit que devant la persécution, « toute personne a le droit de chercher asile et de bénéficier de l'asile en d'autres pays ». Certaines constitutions africaines ont retenu ce devoir de solidarité humanitaire qui ne s'impose pas sur notre continent par le biais d'une coutume régionale[3].

C'est ainsi que l'article 144 de la loi fondamentale béninoise stipule que ce pays accorde le droit de résidence à tous les étrangers poursuivis pour avoir défendu la juste cause de la paix et de la démocratie, pour leur participation à un mouvement révolutionnaire ou en raison de leurs activités scientifiques, artistiques ou culturelles.

L'article 14 de la Constitution de la République populaire du Congo de 1979 déclare également que celle-ci accorde le droit d'asile sur son territoire aux ressortissants étrangers poursuivis en raison de leur action en faveur de la démocratie, de la lutte de libération nationale, de la liberté du travail scientifique et culturel et pour la défense des droits du peuple travailleur.

Les conventions humanitaires ont été diversement reçues.

Les conventions de Genève font l'objet d'une adhésion quasi unanime, les autres d'une adhésion de quelques États et, fait surprenant, celles de La Haye de

---

[1] New-York, 30 août 1961.
[2] New-York, 31 janvier 1967.
[3] CIJ, Affaire du droit d'asile en Amérique latine.

1907 ne peuvent être opposées aux États africains qu'à titre de droit international coutumier général ou de *jus cogens,* c'est-à-dire de norme impérative acceptée par la communauté internationale dans son ensemble.

Cette réticence prélude la participation africaine au renouvellement du droit humanitaire à la conférence de réaffirmation de Genève en 1977.

II- LA CONTRIBUTION DE L'AFRIQUE AU DEVELOPPEMENT DU DROIT INTERNATIONAL HUMANITAIRE

Deux contributions sont à distinguer: Celle en rapport avec le développement du droit international humanitaire général et, celle se rapportant au développement d'un droit international humanitaire africain spécifique.

II.1- LA CONTRIBUTION DE L'AFRIQUE AU DEVELOPPEMENT DU DROIT INTERNATIONAL HUMANITAIRE GENERAL

La conférence diplomatique sur la réaffirmation et le développement du droit international humanitaire applicable dans les conflits armés s'est réunie à Genève de 1974 à 1977. Elle a abouti à l'adoption de deux protocoles additionnels aux conventions de Genève de 1949. Cent vingt-six États étaient représentés à la première session, cent vingt et un à la deuxième, cent six à la troisième et cent neuf à la quatrième.

Les États africains en général, et les États africains francophones en particulier, y ont joué un rôle important. Le Bénin, le Burundi, le Congo, la Côte d'Ivoire, la Centrafrique, le Gabon, la Guinée, la Haute-Volta, le Mali, la Mauritanie, le Niger, la République unie du Cameroun, le Sénégal, le Togo et le Zaïre participèrent aux travaux. M. Djibrilamaiga du Mali, fut désigné rapporteur de la commission II, M. Nkeke Ndongo, du Zaïre, vice-président de la commission *ad hoc* sur les armes conventionnelles et le délégué de la République unie du Cameroun, membre de la commission de vérification des pouvoirs.

Deux points vont particulièrement préoccuper les représentants africains :

- le statut du mercenaire,

- et le statut des combattants de guerres de libération qui font alors rage sur le continent.

II.1.1- Le refus du statut de combattant au mercenaire

Le projet des protocoles additionnels du CICR ne s'intéressait pas au problème du mercenariat dans son article 42 relatif aux nouvelles catégories de prisonniers de guerre.

Le plus étonnant était que le droit humanitaire ne s'était jamais intéressé à ce métier, l'un des plus vieux du monde, pratiqué depuis l'Antiquité[1], et qui connaissait un essor particulier en Afrique en liaison avec les difficultés de la décolonisation.

Les mercenaires furent constamment présents au Congo (Zaïre) de 1960 à 1968, soit aux côtés de la sécession katangaise, soit aux côtés du gouvernement central. Ils combattirent au Nigeria, au Soudan, au Mozambique, en Angola et au Zimbabwe. Plusieurs pays francophones d'Afrique en furent les victimes désignées : la Guinée dépose une plainte au conseil de sécurité (chronique des Nations Unies), le Zaïre au moment de son accession à l'indépendance, le Togo (communiqué du 26 octobre, *Le Monde,* 28 octobre 1977).

Le droit international humanitaire, à la veille de la conférence diplomatique, semblait particulièrement inadapté en ce qui concerne le fléau que constitue le mercenariat. La doctrine dominante en Occident n'y voyait généralement pas un fait internationalement illicite.

Mac Dermot, président de la commission internationale des juristes, prétendait que l'institution du mercenariat n'est pas considérée comme un crime[2];

Schwarzenberg dénonçait l'assimilation des mercenaires aux pirates et leur mise hors la loi en Afrique[3] ;

- le département d'État américain indiquait encore en 1976, lors du procès des mercenaires de Luanda (Angola), qu'il n'y avait aucune raison du point de vue des lois nationales ou du droit international de juger et de condamner les mercenaires, et M. Robert Cesner, l'avocat des États-Unis, réclama pour eux la protection intégrale des conventions de Genève de 1949 (articles 82-88) qui ne disaient rien d'explicite les concernant.

L'Afrique par le biais du Nigeria, appuyé par tous les États africains réussira à faire refuser la qualité de combattant aux mercenaires en faisant voter l'article 47 du protocole additionnel n° I de 1977 à la conférence diplomatique de réaffirmation et de développement du droit international humanitaire : « Un mercenaire n'a pas droit au statut de combattant ou de prisonnier de guerre ».

« Le terme mercenaire s'entend de toute personne :

a) qui est spécialement recrutée dans le pays ou à l'étranger pour combattre dans un conflit armé ;

---

[1] Aranyossy, « Mercenaires », Encyclopaedia Universalis organum, p. 429.

[2] Cité par POLTORAK (A.), « Les mercenaires devant la justice », Moscou, *Revue internationale,* 1976.

[3] SCHWARTZENBERG (R.G.), "International law and order", Library of World Affairs, n° 69, Stevens, pp. 235-236.

b) qui en fait prend une part directe aux hostilités ;

c) qui prend part aux hostilités essentiellement en vue d'obtenir un avantage personnel et à laquelle est effectivement promise, par une partie au conflit et en son nom, une rémunération matérielle nettement supérieure à celle promise ou payée à des combattants ayant un rang et une fonction analogues dans les forces armées de cette partie ;

d) qui n'est ni ressortissant (sic) d'une partie au conflit, ni résident (sic) du territoire contrôlé par une partie au conflit ;

e) qui n'est pas membre des forces armées d'une partie au conflit et ;

f) qui n'a pas été envoyée par un État autre qu'une partie au conflit en mission officielle en tant que membre des forces armées dudit État ».

Ledit article 47 prive les mercenaires de deux statuts humanitaires de privilèges :

i) il leur est refusé la qualité de combattant consacrée par le droit de Genève ;

ii) il leur est refusé la qualité de prisonniers de guerre, ce qui expose les mercenaires à des risques certains (refus d'une protection humanitaire autre que minimale, banalisation du mercenariat au rang de phénomène éventuellement criminel relevant du seul droit national de l'État capteur, entraves aux activités humanitaires conventionnelles du CICR et des autres organismes humanitaires).

Les États de l'Afrique noire francophone ont été à la pointe de cette évolution sensible du nouveau droit international humanitaire décidée à la conférence par consensus[1]. Certains États africains francophones sentirent une position maximaliste tout en constatant le progrès accompli par l'article 47 comme contribution importante au droit international humanitaire.

La République du Sénégal expliquant son vote lors de l'adoption des actes aurait souhaité « un texte plus fort qui aurait fait obligation aux parties contractantes de prendre des décisions draconiennes tendant à éliminer définitivement ce fléau qui a causé tant de mal à l'humanité et plus particulièrement à l'Afrique »[2].

Le délégué de la République unie du Cameroun demanda une amélioration supplémentaire du texte en demandant la suppression de l'exigence d'une « solde exorbitante » pour qualifier un individu de mercenaire[3].

Et le délégué du Zaïre regretta qu'il ne soit pas fait état, à l'article 47, « de la responsabilité des pays sur le territoire desquels des mercenaires sont recrutés »

[1] Actes de la conférence CDDH/SR 41, pp. 158-163.
[2] Actes de la conférence CDDH/SR 56, p. 249, volume VII.
[3] Actes de la conférence CDDH/SR 41, p. 158.

et réclama des « dispositions plus vigoureuses de la communauté internationale interdisant ce vil métier »[1].

Cet article 47 constitue, comme l'a souligné le délégué du Nigeria à la conférence, une contribution importante au nouveau droit humanitaire.

Le mercenaire qui n'est pas un combattant et ne peut être considéré comme un prisonnier de guerre, a un statut humanitaire précaire réduit à la protection minimale de l'article 3 commun aux conventions.

Les États de l'Afrique francophone auraient souhaité aller plus loin et criminaliser sur le plan international la pratique de mercenariat. C'est en quoi la portée de cet article demeure limitée[2].

III.1.2- La protection humanitaire des guerres de libération

1. Philippe Bretton affirmait avec pertinence que le droit humanitaire et, plus particulièrement, le droit de la guerre s'était élaboré « d'une manière discontinue et incomplète », présentant des lacunes béantes[3].

Le problème du statut humanitaire des participants à une guerre de libération nationale constituait une des lacunes substantielles du vieux droit de Genève.

En effet, les conventions de 1949 ne laissaient à la disposition des participants des guerres de libération que la protection minimale de l'article 3 commun interdisant tout traitement dégradant et prescrivant un traitement humanitaire en toutes circonstances, même dans les conflits armés non internationalisés.

2. Les deux protocoles additionnels de 1977 vont entraîner une valorisation internationale des guerres de libération nationale[4].

---

[1] Actes de la conférence CDDH/SR 41, p. 162.

[2] Voir les études suivantes : ABDULQWIA YUSUF, *Mercenaries in the law of conflicts*, *The new humanitarian international law*, sous la direction de A. casses, Editoriale Scientifica SRL, Napoli, pp. 113-125 ; TERCINET (J.), « Les mercenaires et le droit international », AFDI, 1977, pp. 263-295.

[3] BRETTON (P H.), *Problèmes actuels de l'élaboration des conflits, dans l'élaboration du droit international public*, Colloque de Toulouse de 1974 de la SFDI, Pédone, 1975, pp. 48 et s.

[4] voir BRETTON (P.), « Remarques générales sur les travaux de la conférence de Genève sur la réaffirmation et le développement du droit international humanitaire applicable dans les conflits armés », AFDI, 1977, pp. 197-220 ; ABISAAB (G.), « Les guerres de libération et la CDDH », *Annales d'études internationales*, Genève, 1977, p. 63 ; SALMON, « La conférence diplomatique sur la réaffirmation et le développement du droit humanitaire », *Revue belge de droit international humanitaire*, 1976, p. 27 ; VEUTHEY, Guérilla et droit humanitaire, Genève, 1976, institut Henri Dunant et aussi L. CONDORELLI, « L'attitude des pays afro-asiatiques envers le développement du droit humanitaire », dans Cassese, *The new humanitarian law of armed conflict* ; sans oublier S-Y. MBAIYIDICKOYE, « Le Tiers Monde et le développement du droit international humanitaire applicable dans les conflits armés (1974-[1977] », mémoire de diplôme, Institut des relations internationales du Cameroun, novembre 1980.

Cette valorisation résulte directement du champ d'application : « Dans les situations visées au paragraphe précédent sont compris les conflits armés dans lesquels les peuples luttent contre la domination coloniale et l'occupation étrangère et contre les régimes racistes dans l'exercice du droit des peuples à disposer d'eux-mêmes, tel que consacré par la Charte des Nations Unies et la déclaration relative aux principes du droit international touchant les relations amicales et la coopération entre États, conformément à l'article 1er, paragraphe 4 de la Charte des Nations Unies ».

Cette disposition fut adoptée le 22 mars 1974 à la commission n°I par soixante-dix (70) voix contre vingt et une (21) et treize (13) abstentions. Elle avait été présentée par un groupe d'États africains, arabes et asiatiques. Le texte final a reçu l'adhésion au vote final de plusieurs États africains francophones : Mali, Mauritanie, Sénégal, Zaïre, République unie du Cameroun et Côte d'Ivoire.

Fait remarquable, les représentants des États occidentaux avaient développé plusieurs arguments contre l'extension du champ d'application du droit international humanitaire :

- les guerres de libération nationale sont des conflits internes ;

- les conventions de Genève ne sont pas conçues pour de tels conflits ;

- il est discriminatoire de distinguer les guerres de libération des autres ;

- les guerres de libération sont des « situations ponctuelles, anachroniques et transitoires »[1].

Les pays francophones de l'Afrique noire, coauteurs de cette disposition étaient : le Burundi, le Cameroun, le Congo, la Côte d'Ivoire, le mali, la Mauritanie, le Sénégal, le Tchad et le Zaïre.

Il est à noter, et cela convenait bien aux États de l'Afrique noire francophone, fort de l'expérience katangaise, que le protocole n°I ne pouvait s'appliquer aux guerres de sécession.

3. L'autre disposition vitale fut l'adoption, par la conférence, de l'article 44 du protocole additionnel n°I : « pour que la protection de la population civile contre les effets des hostilités soit renforcée, les combattants sont tenus de se distinguer de la population civile lorsqu'ils prennent part à une attaque ou à une opération militaire. Etant donné, toutefois, qu'il y a des situations dans les conflits armés où, en raison de la nature des hostilités, un combattant armé ne peut se distinguer de la population civile, il conserve son statut de combattant à condition que, dans de telles situations, il porte ses armes ouvertement :

---

[1] SALMON (J.), « Les guerres de libération nationale », dans *The New Humanitarian Law of Armed Conflict. op cit.*

a) pendant chaque engagement et

b) pendant le temps où il est exposé à la vue de l'adversaire alors qu'il prend part à un déploiement militaire qui précède le lancement d'une attaque à laquelle il doit participer ».

« Tout combattant qui tombe au pouvoir d'une partie adverse est prisonnier de guerre », ce qui est un statut de faveur assurant aux membres des mouvements de libération nationale toutes les garanties humanitaires du droit de Genève.

Cet article a été adopté en plénière par soixante-treize (73) voix contre une (01) et vingt et une (21) abstentions. La Côte d'Ivoire, le Mali, La Mauritanie, la République unie du Cameroun, le Sénégal et le Zaïre votèrent le texte de l'article 44.

Cet article est particulièrement favorable aux mouvements de libération en consacrant le droit des combattants de ne pas se distinguer de la population civile dans certaines situations exceptionnelles (article 44, $ 3).

Certains États de l'Afrique noire francophone signèrent immédiatement l'acte final de la conférence de réaffirmation et de développement du droit international humanitaire. A la date du 10 juin 1977, la Côte d'Ivoire, le Niger, le Sénégal, le Togo et la Haute-Volta avaient ratifié les deux protocoles additionnels aux conventions de Genève de 1977.

Cette contribution positive de l'Afrique en général et de l'Afrique noire francophone en particulier, à l'élaboration du nouveau droit international humanitaire ne peut faire oublier le progrès réalisé dans l'adoption et la formation d'un droit humanitaire régional spécifique.

II.2- LA CONTRIBUTION DE L'AFRIQUE AU DEVELOPPEMENT DU DROIT HUMANITAIRE AFRICAIN

L'éclosion d'un droit international humanitaire spécifique à l'Afrique a été lente, subissant les coups de boutoir contre le régionalisme africain.

Elle est matérialisée aujourd'hui par l'existence de deux conventions humanitaires en dehors de la Charte de l'OUA des droits de l'Homme et des peuples :

- la convention de l'OUA de 1969 sur les réfugiés,

- la convention de l'OUA de juin 1977sur l'élimination du mercenariat en Afrique.

II.2.1- La convention de l'OUA sur les réfugiés (1969)

L'Afrique est apparue dans les années 1970 comme le continent des réfugiés par excellence[1]. Ces réfugiés étaient évalués à plus de cinq millions à la veille de la conférence de Genève d'avril 1980, organisée par le Haut-commissariat des nations unies aux réfugiés[2].

En ce qui concerne les États de l'Afrique noire francophone, les causes de cette déplorable situation sont analogues à celles des autres pays du continent. Il y a d'abord les conflits entre les États africains (type Angola/Zaïre). Il y a les crises internes des États[3] et la répression organisée contre les opposants internes. Il y a également les crises de décolonisation résultant des guerres de libération en Angola, en Guinée-Bissau, au Sahara espagnol qui ont eu des répercussions sur les territoires voisins des États de l'Afrique francophone.

Cette situation a conduit l'OUA à adopter en 1969, une convention spéciale sur le fléau que représentent les réfugiés. Cette convention définit la notion de réfugié, réglemente les conditions d'octroi de l'asile et du déroulement de celui-ci et, instaure les règles de coopération internationale présidant les activités humanitaires en la matière.

a. La définition conventionnelle du réfugié

1. Aux fins de la présente convention, le terme "réfugié" s'applique « à toute personne qui, craignant d'être persécutée du fait de sa race, de sa religion, de sa nationalité, de son appartenance à un certain groupe social et de ses opinions politiques, se trouve hors du pays dont elle a la nationalité et qui ne peut ou, du fait de cette crainte, ne veut se réclamer de la protection de ce pays, ou qui, si elle n'a pas la nationalité et se trouve hors du pays dans lequel elle avait résidence habituelle à la suite de tels événements, ne peut ou, en raison de ladite crainte, ne veut y retourner ».

Tel est le sens premier donné au terme « réfugié » par la convention de l'OUA (article 1er, alinéa 1er).

Le réfugié peut donc se trouver hors du pays :

- dont il a la nationalité,

- de sa résidence habituelle.

---

[1] COLIN (L.) and ANTHONY (H.), Africa contemporary record, Annual survery and documents, London, Rex Collins; (M.) JONATHAN, « Les réfugiés de plus en plus nombreux en Afrique », Europe Outre-mer, n° 581, juin 1978, p. 17.

[2] *Cameroon tribune*, n° 2048, jeudi 9 avril 1981, p.5.

[3] Le Tchad avec deux cent soixante-six mille réfugiés au Cameroun, Burundi où cent cinquante mille réfugiés ont fui les affrontements de 1972.

2. Le terme « réfugié » s'applique également à toute personne qui, du fait d'une agression, d'une occupation extérieure, d'une domination étrangère ou d'événements troublant gravement l'ordre public dans une partie ou dans la totalité de son pays d'origine ou du pays dont elle a la nationalité, est obligée de quitter sa résidence habituelle pour chercher refuge hors du pays dont elle a la nationalité ».

Tel est le second sens reconnu par la convention de l'OUA au terme de « réfugié ». Les situations visées ici concernent ceux qui fuient la domination coloniale, la domination raciste ou, tout simplement ceux qui fuient les troubles intérieurs survenant dans le pays d'origine ou dans le pays dont ils ont la nationalité.

3. Le bénéfice de la convention est exclu pour un certain nombre de personnes dont l'État d'asile a des raisons sérieuses de penser :

- qu'elles ont commis un crime contre la paix, un crime de guerre ou un crime contre l'humanité au sens des instruments internationaux élaborés pour prévoir des dispositions relatives à ces crimes ;

- qu'elles ont commis un crime grave de caractère non politique en dehors du pays d'accueil avant d'être admises comme réfugiées ;

- qu'elles se sont rendues coupables d'agissements contraires aux buts et aux principes des Nations Unies.

Par ailleurs, la convention cesse également dans un nombre de cas déterminés :

- si le réfugié s'est volontairement réclamé à nouveau de la protection du pays dont il a la nationalité ;

- si le réfugié ayant perdu sa nationalité l'a volontairement recouvrée ou acquis une nouvelle nationalité lui octroyant la protection d'un État ;

- si le réfugié est retourné s'établir volontairement dans le pays qu'il a quitté ou hors duquel il est demeuré de crainte d'être persécuté ;

- si les circonstances ayant entraîné son éloignement ont cessé d'exister ;

- si le réfugié enfreint les buts poursuivis par la convention ou s'il a commis un crime grave de caractère non politique en dehors du pays dont il a la nationalité.

b. L'octroi et le déroulement de l'asile

Le régime de l'asile est minutieusement déterminé par la convention.

b.1- L'octroi de l'asile

L'État contractant et non l'Organisation de l'unité africaine, détermine seul le statut de réfugié du postulant.

Les États membres s'engagent à faire tout ce qui est en leur pouvoir, dans le cadre de leurs législations respectives, pour accueillir les réfugiés et assurer l'établissement de « ceux d'entre eux qui, pour des raisons sérieuses ne peuvent ou ne veulent pas retourner dans leurs pays d'origine ou dans celui dont ils ont la nationalité » (article 2, alinéa 1er).

La convention dit que nul ne peut être soumis par un État membre à des mesures telles que le refus d'admission à la frontière, le refoulement ou l'expulsion qui l'obligeraient à retourner ou à demeurer dans un territoire où sa vie, son intégrité corporelle ou sa liberté seraient menacées. Sans être assujettis à une obligation d'octroyer l'asile, les États contractants ont une obligation de soustraire aussi à la menace le postulant au statut de réfugié en le retournant dans un pays autre que celui dans lequel il est en danger.

Tout réfugié qui n'a pas reçu le droit de résider dans un quelconque pays d'asile pourra à cet effet être admis temporairement dans le premier pays d'asile où il s'est présenté comme réfugié en attendant que des dispositions soient prises pour sa réinstallation.

b.2- La condition juridique du réfugié

1. La convention de 1951 accorde aux réfugiés :

i) l'application du traitement national en ce qui concerne la liberté religieuse, la propriété intellectuelle et industrielle, le droit d'ester en justice, l'accès à l'enseignement primaire, l'assistance publique, la législation du travail, la sécurité sociale et les charges ;

ii) le bénéfice du traitement le plus favorable accordé aux ressortissants d'un État étranger en ce qui concerne la liberté d'association et l'exercice des professions salariées.

2. La convention de l'OUA engage les États membres à appliquer les dispositions de protection instaurées sans discrimination « à tous les réfugiés sans distinction de race, de religion, de nationalité, d'appartenance à un certain groupe social ou d'opinion politique » (article 4).

Les États d'asile doivent, pour des raisons de sécurité, installer les réfugiés à une distance raisonnable de la frontière de leur pays d'origine.

3. Le réfugié africain est soumis à la règle de l'abstention politique vis-à-vis du pays d'asile. Il a, à l'égard du pays où il se trouve, des devoirs qui comportent l'obligation de se conformer aux lois et règlements en vigueur et aux mesures visant au maintien de l'ordre public.

Il doit s'abstenir de tous les agissements subversifs dirigés contre un État membre de l'OUA. Cette obligation n'existe pas envers les États non membres de l'OUA et en vertu de l'exercice du droit des peuples à disposer d'eux-mêmes et du droit à l'indépendance des peuples sous domination coloniale ou raciste...

4. Enfin le réfugié a droit au rapatriement volontaire. Ce caractère essentiellement volontaire du rapatriement doit être respecté et, le réfugié ne peut être rapatrié contre son gré.

Le pays d'asile doit prendre les mesures pour le rapatriement sain et sauf des réfugiés qui le demandent.

Le pays d'origine qui accueille les réfugiés qui y reviennent doit faciliter leur réinstallation, leur accorder tous les droits et privilèges accordés à ses nationaux et les assujettir aux mêmes obligations.

Les réfugiés qui rentrent volontairement dans leur pays ne doivent encourir aucune sanction pour l'avoir quitté pour l'une des raisons donnant naissance à la situation de réfugié.

c. La coopération humanitaire internationale pour les réfugiés

« L'octroi du droit d'asile aux réfugiés constitue un acte pacifique et humanitaire et ne peut être considéré par aucun État comme un acte de nature inamicale » dit le paragraphe 2, de l'article 1er de la convention de 1969.

La convention affirme le principe d'une nécessaire coopération internationale et l'organise en ce qui concerne les États membres de l'Organisation de l'unité africaine et de l'Organisation des Nations Unies.

c.1- Le principe d'une coopération internationale

« Lorsqu'un État membre éprouve des difficultés à continuer à accorder le droit d'asile aux réfugiés, cet État membre peut lancer un appel aux autres États membres, tant directement que par l'intermédiaire de l'OUA et, les autres États, dans un esprit de solidarité africaine et de coopération internationale, devront prendre les mesures appropriées pour alléger le fardeau dudit État membre accordant le droit d'asile », selon l'article 1er, alinéa 4.

c.2- La mise en œuvre de cette coopération

La mise en œuvre de la coopération internationale se manifeste de différentes manières. Elle intègre, la délivrance des titres de voyage, les rapports à l'OUA, la collaboration avec le HCR...

c.2.1-La délivrance des titres de voyage

Les États membres délivrent aux réfugiés résidant régulièrement sur leur territoire des titres de voyage conformes à la convention des Nations Unies relative au statut des réfugiés en vue de leur permettre de voyager hors de ces territoires sauf raisons impérieuses de sécurité nationale ou d'ordre public.

Les États membres peuvent délivrer un tel titre de voyage à tout autre réfugié se trouvant sur leur territoire. Le pays africain de deuxième asile peut, lors de la réception d'un réfugié venant d'un autre pays africain, être dispensé de délivrer un titre de voyage avec clause de retour. Les documents de voyage délivrés à des réfugiés aux termes d'accords internationaux antérieurs restent reconnus par les États membres (article VI de la convention).

c.2.2- Les rapports à l'OUA

Les États membres, afin de permettre au secrétaire général administratif de l'OUA de présenter des rapports aux organes compétents de l'Organisation, s'engagent à fournir au secrétariat, dans la forme appropriée, les informations et les données statistiques relatives au statut des réfugiés, à l'application de la convention et aux lois, règlements et décrets concernant les réfugiés.

Pour son action, l'OUA dispose du Bureau pour le placement et l'éducation des réfugiés africains (BPERA). Celui-ci a été créé en juin 1971 par une résolution du conseil des ministres de l'OUA[1].

Le bureau est assisté par la commission des dix, le comité de coordination par les correspondants nationaux et par les comités établis dans les États d'Afrique noire francophone. En 1970, il y avait des correspondants nationaux au Cameroun, en Centrafrique, au Tchad, au Zaïre, au Congo, au Gabon, en Mauritanie, au Niger, au Sénégal et en Haute-Volta. Ultérieurement, le BPERA en a installé un au Burundi[2].

c.2.3- La collaboration avec le Haut-commissariat des Nations unies pour les réfugiés

Les États signataires de la convention de 1963 se sont engagés à coopérer avec le Haut-commissariat des nations unies pour les réfugiés. Celui-ci a succédé dans la mission humanitaire de protection des réfugiés à l'Organisation internationale des réfugiés (OIR).

La convention de 1969 sur les aspects spécifiques en Afrique du problème des réfugiés a été signée à sa conclusion par plus de quarante États membres de l'OUA y compris les États de l'Afrique noire francophone suivants : le Burundi, le Cameroun, la République centrafricaine, le Zaïre (alors dénommé Congo-Kinshasa), le Congo Brazzaville, le Bénin (alors dénommé Dahomey), le Gabon, la Guinée, la Côte d'Ivoire, le Mali, la Mauritanie, le Niger, le Rwanda, le Togo et la Haute-Volta.

---

[1] CM/RES 244/XVII.

[2] Voir TAWA CHE CRECY, « Some legal aspects of the African Refugee Problem from 1958 to 1978 », IRIC, juillet 1979, 206 pages et NDZENGUE (P.), « L'organisation de l'Unité Africaine et les activités dans le domaine politique : d'Addis-Abeba 1963 à Libreville 1977 », mémoire pour le diplôme IRIC, juillet 1978, 273 pages.

L'article X prévoyait une ratification conformément aux règles constitutionnelles en vigueur dans les États de la convention. Celle-ci est entrée en vigueur le 20 juin 1974. Elle a été ratifiée par le Bénin, la Centrafrique, le Congo, la Guinée, la Mauritanie, le Niger, le Sénégal, le Togo, la République unie du Cameroun et le Zaïre.

L'instrument original de la convention, rédigé si possible dans les langues africaines, en français et en anglais, ainsi que tous les textes faisant également foi, sont déposés auprès du secrétaire général administratif de l'OUA. Dès l'entrée en vigueur, celui-ci les a déposés auprès du secrétariat général des Nations Unies pour enregistrement.

Cette convention de 1969 constitue un précieux instrument d'action humanitaire même en Afrique noire francophone où le problème des réfugiés a connu ces dernières années une acuité particulière avec la crise du Tchad, les conflits entre l'Angola et le Zaïre, entre la Guinée et les États francophones voisins (Côte d'Ivoire, Sénégal). C'est un complément indispensable et adapté au régionalisme africain de la convention de 1951.

Cette convention resta longtemps l'unique instrument humanitaire international africain. Elle ne l'est plus, heureusement, avec le développement du droit humanitaire africain dans un autre domaine.

II.2.2- La convention de l'OUA sur l'élimination du mercenariat

Le droit international humanitaire, et plus particulièrement les quatre conventions de Genève de 1949, était resté étonnamment muet sur le métier de mercenaire qui est l'un des plus vieux du monde.

L'article 42 du protocole additionnel d'inspiration africaine a mis le problème à l'ordre du jour. Ce d'autant plus qu'en Afrique, le mercenariat est un vieux phénomène et un fléau actuel réactivé par le néocolonialisme, le racisme et l'impérialisme.

L'histoire africaine rapporte de nombreux cas d'usage de mercenaires. Les soldats Abam d'Ohafia et d'Abiriba employés dans l'Iboland dès le XIX siècle, les mercenaires d'Oyo employés en 1784 lors de l'attaque de Badagry par l'armée du Danhome, les mercenaires touareg des invasions marocaines, etc[1].

L'histoire actuelle permet de constater les ravages de ce fléau en Afrique:

[1] Voir ISICHEIE, *A History of the Igbo people*. London, Macmillan, 1976, pp. 18-87; A. DALEZL, *The History of Dahomey, an Inland Kingdom of Africa*, London, 1973.

- le Bénin, la Guinée, le Zaïre et le Togo ont été victimes d'une agression de mercenaires[1];

- quelques pays africains de recrutement ont été recensés[2].

Aussi, en Afrique en général, et en Afrique noire d'expression française en particulier, il s'est manifesté un intérêt spécial pour l'élimination de ce fléau[3].

L'Organisation de l'unité africaine a ainsi adopté, à la vingt-neuvième session du conseil des ministres de Libreville (Gabon) en 1977, une convention de l'OUA sur l'élimination du mercenariat en Afrique.

L'Afrique noire d'expression française aura contribué de manière particulièrement active à la criminalisation régionale du mercenariat en Afrique.

a. La contribution de l'Afrique noire francophone à la préparation de la convention de 1977

Les nouvelles règles du droit international régissant le phénomène du mercenariat en Afrique, constituées par la convention de l'OUA sur l'élimination du mercenariat en Afrique, ont été préparées par une longue pratique internationale et par une série de législations internes d'avant-garde.

a.1- L'ébauche d'une pratique internationale spécifique à l'Afrique

Les États de l'Afrique noire francophone ont toujours appuyé de leur action, l'ébauche d'une pratique internationale tendant à rendre illicite le mercenariat, soit à l'occasion d'un certain nombre de crises, soit à l'occasion de l'adoption d'un certain nombre de déclarations.

1. La crise katangaise, les attaques des mercenaires contre la Guinée et le Bénin ont donné lieu à la proclamation du principe de l'illégalité du mercenariat.

Le Conseil de sécurité a condamné cette pratique avec force à maintes reprises : résolutions 161 et 169 de novembre 1961 réprouvant les activités des mercenaires au Katanga ; résolution 239 de juillet 1967 relative à l'invasion des mercenaires à Kisangani au Zaïre actuel.

L'Assemblée générale des Nations Unies a réaffirmé quatre fois le caractère délictueux du mercenariat, sa dernière résolution datant de 1970 (3103).

---

[1] Rapport du secrétaire général administratif sur le projet de convention de l'OUA relative à la prévention et à la suppression du mercenariat en Afrique, CM/817 [XXIX], Conseil des ministres, Libreville 1977.

[2] Club des oies sauvages en Afrique du Sud du colonel fou Michael Hoare, Security advisory, Service britannique de Lee Aspin, l'Afro American Technical Assistance de Larry Michell, etc.

[3] OWONA (J.), *Le droit humanitaire et la condition de mercenaire en Afrique*, premier séminaire africain sur le droit international humanitaire 1977, Yaoundé, IRIC, Cameroun et E-I. Nwogugu, International humanitarian law and mercenaries in Africa, Lecture delivered at the African seminar on international humanitarian law held at Yaoundé Cameroon, December 1979.

2. Par ailleurs, les États d'Afrique noire d'expression française ont participé à l'adoption d'un certain nombre de textes d'importance fondamentale en la matière, en tant que membres de l'Organisation des Nations Unies :

- adoption de la déclaration relative aux principes du droit international touchant les relations amicales et la coopération entre les États qui dit que « chaque État a le devoir de s'abstenir d'organiser ou d'encourager l'organisation de forces régulières ou de bandes armées notamment de bandes de mercenaires en vue d'incursions sur le territoire d'un autre État » ;

- adoption de la résolution sur « l'application de la déclaration sur l'octroi de l'indépendance aux pays et peuples coloniaux » prescrivant que la pratique consistant à utiliser les mercenaires contre les mouvements de libération nationale et d'indépendance est un acte criminel[1] et que les mercenaires eux-mêmes sont des criminels hors-la-loi, et demandant aux gouvernements de tous les pays d'adopter des lois déclarant crimes punissables le recrutement, le financement et l'intrusion de mercenaires sur leur territoire et interdisant à leurs ressortissants de s'engager comme mercenaires ;

- adoption de la résolution sur les principes fondamentaux du régime juridique des participants aux mouvements de libération qui luttent contre la domination coloniale et étrangère, contre les régimes racistes, qui détermine le caractère criminel du mercenariat et dit que les mercenaires doivent être punis comme des « criminels de droit commun »[2].

3. Une série d'actes répétés, incontestables et unanimes, adoptés avec l'active participation des États d'Afrique noire francophone, ont déterminé le caractère criminel du mercenariat et sa nature de crime contre la sécurité de l'Afrique.

Ainsi, au sommet de l'OUA en septembre 1967 à Kinshasa (Zaïre), une résolution appela toutes les nations à punir le mercenariat comme un crime. En 1969, un appel fut lancé en ce sens à Addis-Abeba. Une résolution de la VIIe session de l'OUA à Lagos (Nigeria) fut votée en 1970. Une résolution du 12 décembre 1970 (conseil des ministres) « condamne tous les mercenaires qui ont

---

[1] MWOGUGU, *International Humanitarian Law and Mercenaries on Africa*, lecture delivered at the second african seminar on international Law held at Yaoundé, Cameroon, December 1979.
OWONA (J.), *Problème d'application du droit international humanitaire en Afrique*, Institut international des droits de l'homme, Strasbourg, dixième session d'enseignement, 2-27 juillet 1979, p. F501-F5021 ; *Le droit international humanitaire et la condition du mercenaire en Afrique,* contribution au premier Séminaire africain de droit international humanitaire, Institut des relations internationales du Cameroun, Yaoundé, 1977 ; *Le droit international humanitaire et la protection des détenus politiques,* contribution au deuxième Séminaire de droit international humanitaire, 1979.
TAWAH CHE CRECY, *Some legal aspects of the African regugee Problem from 1958 to 1978*, Institut des relations internationales du Cameroun, Yaoundé, 1979, 206 p.

[2] Voir ROUSSEAU (C.), « Le problème des mercenaires dans la chronique des faits internationaux », *Revue générale de droit international public*, n° 2, tome 80, 1976, p. 571.

envahi la République de Guinée ainsi que toutes les forces qui ont participé au plan pour cette agression»[1].

Les pays de l'Afrique noire francophone ont été à la pointe du combat contre le mercenariat et ont aidé à l'ébauche d'une pratique internationale nouvelle en la matière, permettant de fonder dans ce domaine de nouvelles règles de droit international.

a.2- L'édiction de législations nationales sur le mercenariat

La recrudescence du phénomène de mercenariat en Afrique noire francophone dans les années 1970 a entraîné l'édiction de dispositions législatives répressives sur la question.

En 1971, la déclaration de Lagos appelait les États africains à la promotion de la lutte contre le mercenariat.

Dans beaucoup d'États d'Afrique noire francophone, ce phénomène pouvait tomber sous le coup des dispositions pénales ordinaires héritées de l'article 85 du code pénal français qui punit d'un emprisonnement de un à cinq ans et d'une amende de trois mille à trente mille francs quiconque, en temps de paix, enrôlera des Français pour le compte d'une puissance étrangère en territoire français.

En République unie du Cameroun par exemple, l'article 106 du Code pénal punit de un à cinq ans de prison et d'une amende de cinquante mille à cinq millions de francs CFA celui qui, en temps de paix, « recrute ou enrôle sur le territoire de la République et sans autorisation du gouvernement, des individus pour le compte d'une force armée étrangère ».

La République populaire du Bénin après la République populaire d'Angola[2] a adopté une législation spéciale sur les mercenaires[3]. L'article 1er de ce texte prélude déjà la définition du mercenariat qui figurera dans la convention de l'OUA sur le mercenariat.

Commet le crime de mercenariat celui qui s'enrôle moyennant finances dans un pays étranger pour combattre dans un conflit armé, qui prend une part directe aux hostilités et qui n'est pas ressortissant d'une partie en conflit.

La loi béninoise étend le crime de mercenariat aux groupes d'individus qui enrôlent ou tentent d'enrôler des individus en vue du mercenariat d'où la responsabilité criminelle collective.

---

[1] *Afrique contemporaine*, n°53, 1971, p.13.

[2] Voir HOOVER (M. J.), "The laws of war and the Angolan trial of mercenaries: Death of the dogs of war", *Journal of international law*, vol. 9, Spring 1977, pp. 323-406.

[3] Ordonnance n°78/34, octobre 1978, rapportée par R.-M. Dossou, *Review of contemporary Law*, n°2, 1978, pp. 47-61.

Les mercenaires sont jugés par une cour révolutionnaire spéciale. Les législations béninoise et angolaise joueront un rôle d'avant-garde dans l'élaboration d'une convention africaine sur l'élimination du mercenariat.

a.3- L'initiative de la convention sur le mercenariat

Lors du « Nuremberg des mercenaires » en 1976 à Luanda (Angola), une commission internationale d'enquête dont faisaient partie de nombreux représentants des États de l'Afrique noire francophone (Bénin : R. Dossou ; Congo : A. Mouelle ; Sénégal : Wade Abdoulaye) avait proposé un projet de convention sur la prévention et la suppression du mercenariat[1].

Ce projet a été soumis à l'OUA et aux observations des États par l'Angola et l'Ile Maurice. Un comité d'experts dans lequel étaient représentés le Bénin, le Burundi, la Guinée, le Sénégal et le Zaïre fut constitué sous la direction de l'égyptien Raheim Pasha (président) et du Nigérien Magreola. Le comité fut saisi de deux projets, celui de l'Angola et celui élaboré par le secrétariat général de l'OUA.

La fusion des deux projets, discutés en 1977 au conseil de Libreville donna lieu à l'élaboration de la convention de l'OUA sur l'élimination du mercenariat[2].

b. La criminalisation conventionnelle du mercenariat

Le Rwanda, le Sénégal, la Guinée, le Togo, le Bénin et le Cameroun, parmi les États francophones d'Afrique noire, avaient déjà ratifié la convention de l'OUA sur l'élimination du mercenariat.

Par rapport au droit international humanitaire général[3], cette convention présente des particularités, surtout en ce qui concerne la criminalisation du mercenariat sur le continent.

b.1- La définition générale du mercenaire

« Le terme mercenaire s'entend de toute personne :

1° qui est spécialement recrutée dans le pays ou à l'étranger pour combattre dans un conflit armé ;

2° qui en fait prend une part directe aux hostilités ;

3° qui prend part aux hostilités en vue d'obtenir un avantage personnel et à laquelle est effectivement promise, par une partie au conflit ou en son nom, une rémunération matérielle ;

---

[1] Comisão international De Inquerido Soebre os Mercenarios, Edição do Ministerio da Justiça da R.P.A. – Documentos, en trois langues : anglais, français et portugais

[2] OUA – CM/817/Annexe II, Rev. 3.

[3] Protocole n° 1, article 47.

4° qui n'est ni ressortissant (sic) d'une partie au conflit ni résident (sic) du territoire contrôlé par une partie au conflit ;

5° qui n'est pas membre des forces armées d'une partie au conflit ;

6° et qui n'a pas été envoyée en mission officielle en tant que membre des forces armées dudit État ».

Ces dispositions de l'article 1er, alinéa I de la convention font disparaître, au contraire du protocole n°I, le critère du caractère exorbitant de la rémunération reçue par le mercenaire. Toutefois « l'avantage personnel » et « la rémunération matérielle » constituent les éléments essentiels de la qualification du mercenaire.

Celui-ci ne serait pas alors à confondre avec le volontaire international qui, au « mépris du danger auquel il s'expose, vient en aide à un peuple en lutte pour sa liberté et son indépendance parce que sa propre position morale est à l'unisson de la juste cause pour laquelle ce peuple se bat »[1].

b.2- Le caractère criminel du mercenariat

Par rapport à l'article 47 du protocole additionnel n°I aux conventions de Genève, la convention de l'OUA innove grandement en qualifiant le mercenariat de criminel.

Le principe du caractère délictuel du mercenariat est clairement établi par la nouvelle convention. « Commet le crime de mercenariat, l'individu, le groupe ou l'association, le représentant de l'État ou l'État lui-même qui, dans le but d'opposer la violence armée à un processus d'autodétermination, à la stabilité ou à l'intégrité territoriale d'un autre État, pratique l'un des actes suivants :

1° abriter, organiser, financer, assister, équiper, entraîner, promouvoir, soutenir ou employer de quelque façon que ce soit des bandes de mercenaires ;

2° s'enrôler, s'engager ou tenter de s'engager dans lesdites bandes ;

3° permettre que dans les territoires soumis à sa souveraineté ou dans tout autre lieu sous son contrôle, se développent les activités mentionnées précédemment ou accorder des facilités de transit, de transport ou autre opération des forces "mercenaires" (article 1er, alinéa 2).

Le crime de mercenariat équivaut et est puni comme un « crime contre la paix » et « crime contre la sécurité de l'Afrique ». Le fait d'assumer le commandement de mercenaires ou de leur donner des ordres constitue une circonstance aggravante (article 2).

Le mercenaire encourt une responsabilité non seulement pour le crime de mercenariat mais pour toutes autres infractions connexes. La convention autorise

---

[1] LAUGIER (P.), « Les volontaires internationaux », dans *Revue générale de droit international public*, 1966, pp. 75-116.

en cas de délit, un État africain à invoquer les dispositions de la présente convention dans ses relations avec l'État accusé devant les organisations internationales, tribunaux ou instances de l'OUA.

La gravité du crime de mercenariat fait obligation à tout État de le punir de la peine la plus sévère de sa législation qui est généralement la peine de mort, s'il n'y a pas extradition.

Le crime de mercenariat, banalisé et considéré comme crime de droit commun, ne peut être couvert par la législation nationale excluant l'extradition pour les crimes politiques. L'État requis doit s'engager à poursuivre dans tous les cas le mercenaire présumé même si c'est un national. Il doit notifier le résultat des poursuites à l'État requérant ou à tout autre État intéressé, membre de l'OUA.

Le caractère criminel et grave du délit de mercenariat impose des obligations aux États qui se résument à la prise de toutes mesures nécessaires pour éliminer du continent africain les activités des mercenaires :

- empêcher ses nationaux ou des étrangers se trouvant sur son territoire de commettre l'infraction du mercenariat ;

- empêcher l'entrée ou le passage sur son territoire de tout mercenaire et de tout équipement qui lui est destiné ;

- interdire sur son territoire toute activité d'organisations ou d'individus qui utilisent les mercenaires contre un État africain membre de l'OUA ou contre les peuples africains ;

- communiquer aux autres membres de l'Organisation de l'unité africaine, soit directement, soit par l'intermédiaire du secrétaire général de l'OUA, toute information relative aux activités des mercenaires dès qu'elle est parvenue à sa connaissance ;

- interdire sur son territoire le recrutement, l'entraînement, l'équipement ou le financement de mercenaires et toutes autres activités susceptibles de favoriser le mercenariat.

Les États contractants s'assurent réciproquement la plus grande assistance mutuelle en ce qui concerne l'enquête préliminaire et la procédure criminelle engagée relative au crime de mercenariat (article 10).

Le mercenariat est considéré comme un crime en Afrique : un crime contre la paix et un crime contre la sécurité de l'Afrique.

b.3- La précarité du statut humanitaire du mercenaire

1. Comme le protocole additionnel n° I, la convention de l'OUA sur l'élimination du mercenaire dénie la qualité de combattant et la qualité de prisonnier de guerre au mercenaire.

En effet, selon l'article 3, « Le mercenaire n'a pas le statut de combattant et ne peut bénéficier du statut de prisonnier de guerre » Il a donc un statut défavorisé et précaire qui lui refuse les garanties humanitaires conventionnelles du droit de Genève.

2. Sa protection humanitaire reste tout à fait résiduelle. Il a comme seul recours, l'article 3 commun aux conventions de Genève interdisant la torture et les traitements dégradants.

On doit lui appliquer les garanties fondamentales de l'article 75 du protocole additionnel n°I comportant l'information sans retard de l'intéressé, des raisons de sa détention dans la langue qu'il comprend, la préalabilité avant toute sanction d'un jugement rendu par un tribunal impartial et régulièrement constitué, et la non-rétroactivité des peines plus fortes.

3. Des dispositions générales de protection des droits de l'homme peuvent également être évoquées au bénéfice du mercenaire.

Le recours à la classique protection diplomatique reste illusoire et inopérant car le mercenaire protégé ou à protéger peut du fait de sa participation fautive et illégitime aux hostilités, avoir rendu irrecevable la réclamation endossée par l'État réclamant en vertu de la classique règle des *clean hands* (mains propres)[1].

Le mercenaire ou les mercenaires protégés peuvent avoir violé de façon délibérée « les dispositions relatives à la protection de la personne humaine contenues dans les traités de caractère humanitaire » et réputées constitutives de normes impératives au sens de la convention de Vienne sur le droit des traités du 25 mars 1969[2].

4. L'État d'origine du ou des mercenaires peut se voir reprocher une omission fautive par tolérance des activités des mercenaires. Il peut être accusé de ne les avoir pas découragés ou de n'avoir pas prévenu le recrutement des mercenaires en leur retirant leurs titres de voyage.

Le gouvernement royal belge a, en 1976, essayé de prendre de telles mesures[3].

5. Cette convention de l'OUA demeurera ouverte sans délai à la signature des États membres de l'OUA. Ses dispositions finales prévoient que le secrétaire général administratif de l'OUA notifiera aux États membres le dépôt de tout instrument de ratification et l'entrée en vigueur de la convention. Elle sera

---

[1] ROUSSEAU (C.), *Droit international public*, Précis Dalloz, 7 édition, pp. 110-116.

[2] SALMON (J.), « *Des mains propres comme condition de recevabilité des réclamations internationales* », AFDI, 1964, pp. 225-226.

[3] Voir Revue belge de droit international, vol. XII, n° 1034 mercenaires, 1976, Bruxelles, pp. 193-294.

soumise dès son entrée en vigueur à la procédure de l'enregistrement au secrétariat général de l'ONU.

Le Zaïre, le Bénin et la Guinée auront joué un rôle d'avant-garde en éveillant la conscience des pays au fléau du mercenariat[1]. Cette convention qui criminalise le mercenariat a été ratifiée en 1978 par le Sénégal, la Guinée, le Rwanda, le Togo, le Bénin et le Cameroun.

En cela, elle diffère du protocole additionnel n°I des conventions de Genève (article 47) et rend précaire le statut humanitaire.

6. Toutefois, le droit international humanitaire restant à l'état parfaitement embryonnaire, deux conventions ont été élaborées :

- celle sur les réfugiés de 1969,

- et celle sur l'élimination du mercenariat de 1977.

Des domaines entiers mériteraient une attention particulière notamment, la protection des biens culturels, la protection des détenus politiques[2].

Le droit international humanitaire se modernise et se développe. La voie des conventions humanitaires reste la plus opportune et la meilleure. Les institutions de sanction des violations adossées sur un consensus de la communauté internationale sont acceptées et vont se renforcer.

D'autres institutions apparentées à la politique de domination, droit d'ingérence humanitaire, particulièrement armée, et exercice unilatéral d'une pseudo-compétence universelle restent très contestées et sont à contester.

L'Afrique a fait réception du droit international humanitaire et de ses multiples conventions humanitaires. Elle a participé à sa réaffirmation et à son développement.

Elle doit affronter à l'avenir le coup d'arrêt donné au droit humanitaire régional qui n'a vu naître que deux conventions.

---

[1] Voir République populaire du Bénin, Agression armée impérialiste du dimanche 16 janvier 1977 contre la République populaire du Bénin, Livre blanc.

[2] Voir OWONA (J.), *Droit international humanitaire et protection des détenus politiques en Afrique, op cit.*

ANNEXES

ANNEXE I : SITUATIONS ET AFFAIRES

Seize (16) affaires dans le contexte de 7 situations ont été ouvertes devant la Cour.

Le Procureur peut ouvrir une enquête sur une situation déférée par un État partie ou par le Conseil de sécurité de l'ONU, comme le prévoit le Statut de Rome. Il peut également décider de le faire de sa propre initiative s'il venait à recevoir de la part de certaines personnes ou organisations des renseignements (ou «communications») concernant des crimes relevant de la compétence de la Cour.

À ce jour, trois États parties au Statut de Rome - l'Ouganda, la République démocratique du Congo et la République centrafricaine - ont déféré à la Cour des situations concernant des faits s'étant déroulés sur leur territoire.

De plus, le Conseil de sécurité a déféré à la Cour la situation dans la région du Darfour au Soudan, ainsi que la situation en Libye. Le Soudan et la Libye sont tous les deux des États non parties au Statut de Rome. Après examen minutieux des renseignements en sa possession, le Procureur a ouvert des enquêtes concernant les situations susmentionnées.

Enfin, la Chambre préliminaire II a autorisé le Procureur à ouvrir une enquête de sa propre initiative dans le cadre de la situation au Kenya. Par ailleurs, la Chambre préliminaire III a, le 4 octobre 2011, fait droit à la requête du Procureur d'ouvrir une enquête de sa propre initiative concernant la situation en Côte d'Ivoire.

1. Situation en Ouganda

La Chambre préliminaire II est actuellement saisie de l'affaire *Le Procureur c. Joseph Kony, Vincent Otti, Okot Odhiambo et Dominic Ongwen*. Cinq mandats d'arrêt ont été délivrés dans le cadre de cette affaire à l'encontre des cinq principaux dirigeants de l'Armée de résistance du Seigneur (LRA).

2. Situation en République démocratique du Congo

Dans cette situation, les quatre affaires suivantes sont en cours d'examen par les chambres concernées : *Le Procureur c. Thomas Lubanga Dyilo*, *Le Procureur c. Bosco Ntaganda*, *Le Procureur c. Germain Katanga et Mathieu Ngudjolo Chui*, *Le Procureur c. Callixte Mbarushimana*, et *Le Procureur c. Sylvestre Mudacumura*. Les accusés Thomas Lubanga Dyilo, Germain Katanga et Mathieu Ngudjolo Chui ainsi que le suspect Callixte Mbrarushimana sont actuellement détenus par la Cour.

La Chambre de première instance I a déclaré M. Lubanga coupable le 14 mars 2012. Le 10 juillet 2012, il a été condamné à une peine totale de 14 ans d'emprisonnement. Le temps qu'il a passé en détention par la CPI sera déduit de cette peine. Le procès dans l'affaire *Le Procureur c. Thomas Lubanga Dyilo* s'était ouvert le 26 janvier 2009.

Le procès dans l'affaire *Le Procureur c. Germain Katanga et Mathieu Ngudjolo Chui* s'est ouvert le 24 novembre 2009. L'audience de confirmation des charges contre Callixte Mbarushimana s'est tenue du 16 au 21 septembre 2011. Le 16 décembre 2011, la Chambre préliminaire I a décidé à la majorité de ne pas confirmer les charges portées à l'encontre de M. Mbarushimana.M. Mbarushimana a quitté le quartier pénitentiaire de la Cour, le 23 décembre 2011 sitôt les mesures nécessaires à sa libération mises en œuvre, comme ordonné par la Chambre préliminaire I.

3. Situation au Darfour, Soudan

Dans la situation au Darfour (Soudan), la Chambre préliminaire I est actuellement saisie de cinq affaires : *Le Procureur c. Ahmad Muhammad Harun ("Ahmad Harun") et Ali Muhammad Ali Abd-Al-Rahman ("Ali Kushayb")* ; *Le Procureur c. Omar Hassan Ahmad Al Bashir* ; *Le Procureur c. Bahar Idriss Abu Garda* ; et *Le Procureur c. Abdallah Banda Abakaer Nourain et Saleh Mohammed Jerbo Jamus*; et *Le Procureur c. Abdel Raheem Muhammad Hussein.*

Quatre mandats d'arrêt ont été délivrés par la Chambre préliminaire I à l'encontre de MM. Harun, Kushayb, Al Bashir et Hussein. Les quatre suspects sont actuellement en fuite.

4. Situation en République centrafricaine

Le gouvernement de la République centrafricaine a renvoyé la situation devant la Cour en décembre 2004. Le Procureur a ouvert une enquête en mai 2007. Dans l'affaire *Le Procureur c. Jean-Pierre Bemba Gombo*, la seule actuellement en cours d'examen dans le cadre de cette situation, la Chambre préliminaire II a, le 15 juin 2009, confirmé deux charges de crimes contre l'humanité et trois charges de crimes de guerre, et a renvoyé l'accusé pour être jugé devant une Chambre de première instance. Le procès a débuté le 22 novembre 2010.

5. Situation en République du Kenya

Le 31 mars 2010, la Chambre préliminaire II a autorisé le Procureur à ouvrir une enquête *proprio motu* sur la situation au Kenya, État partie depuis 2005. Suite à la délivrance de citations à comparaître le 8 mars 2011, six citoyens kenyans ont comparu volontairement devant la Chambre préliminaire II les 7 et 8 avril 2011. L'audience de confirmation des charges dans l'affaire *Le Procureur c. William Samoei Ruto et Joshua Arap Sang* s'est tenue du 1er au 9 septembre 2011. L'audience de confirmation des charges dans l'affaire *Le Procureur c. Francis Kirimi Muthaura et Uhuru Muigai Kenyatta* s'est tenue du 21 septembre au 5 octobre 2011. Le 23 janvier 2012, les juges ont refusé de confirmer les charges à l'encontre de MM. Kosgey et Ali. La Chambre préliminaire II a confirmé les charges à l'encontre de MM. Ruto, Sang, Muthaura et Kenyatta et a renvoyé ces derniers en procès devant les juges de première instance. Le 29 mars 2012, la Présidence de la CPI a composé la Chambre de première instance V et lui a déféré les deux affaires.

6. Situation en Libye

Le 26 février 2011, le Conseil de sécurité des Nations Unies a décidé, à l'unanimité de ses membres, de saisir le Procureur de la CPI de la situation en Libye depuis le 15 février 2011. Le 3 mars 2011, le Procureur de la CPI a annoncé l'ouverture d'une enquête dans la situation en Libye. Cette situation est assignée par la Présidence de la Cour à la Chambre préliminaire I. Le 27 juin 2011, la Chambre préliminaire I a délivré trois mandats d'arrêt à l'encontre de *Muammar Mohammed Abu Minyar Gaddafi, Saif Al-Islam Gaddafi et Abdullah Al-Senussi* pour des crimes contre l'humanité (meurtre et persécution) qui auraient été commis en Libye du 15 jusqu'au 28 février 2011 au moins, à travers l'appareil d'État libyen et les forces de sécurité. Le 22 novembre 2011, la Chambre préliminaire I a ordonné la clôture de l'affaire à l'encontre de Muammar Gaddafi suite à la mort du suspect. Les deux autres suspects sont toujours en fuite.

7. Situation en Côte d'Ivoire

La Côte d'Ivoire, qui n'est pas partie au Statut de Rome, avait, le 18 avril 2003, déclaré accepter la compétence de la Cour. La présidence de la République de Côte d'Ivoire a récemment confirmé cette acceptation les 14 décembre 2010 et le 3 mai 2011. Le 3 octobre 2011, la Chambre préliminaire III a autorisé le Procureur à ouvrir une enquête *proprio motu* pour les crimes présumés relevant de la compétence de la Cour, qui auraient été commis en Côte d'Ivoire depuis le 28 novembre 2010, ainsi que sur les crimes qui pourraient être commis dans le futur dans le contexte de cette situation. Le 22 février 2012, la Chambre préliminaire III a décidé d'élargir son autorisation d'enquêter sur la situation en Côte d'Ivoire pour inclure les crimes relevant de la compétence de la Cour qui auraient été commis entre le 19 septembre 2002 et le 28 novembre 2010.

Le 23 novembre 2011, la Chambre préliminaire III a émis un mandat d'arrêt, délivré sous scellés, dans l'affaire *Le Procureur c. Laurent Gbagbo,* pour quatre chefs de crimes contre l'humanité. La Chambre a décidé de lever les scellés le

30 novembre 2011, jour du transfert du suspect au quartier pénitentiaire de la CPI à La Haye par les autorités ivoiriennes. Le 5 décembre 2011, M. Gbagbo a comparu pour la première fois devant la Chambre préliminaire III. L'audience sur la confirmation des charges doit s'ouvrir le 18 juin 2012.

Le Bureau du Procureur effectue actuellement des examens préliminaires dans un certain nombre de pays dont l'Afghanistan, la Géorgie, la Guinée, la Colombie, le Honduras, la Corée et le Nigeria.

ANNEXE II : COUR PENALE INTERNATIONALE ET L'AFRIQUE

ANNEXE II –A : Mandat d'arrêt contre M. Omar Al BASHIR, Président du Soudan

Requête de l'accusation aux fins de délivrance d'un mandat d'arrêt

14 juillet 2008

Premier mandat d'arrêt délivré par la Chambre préliminaire I, 4 mars 2009

Second mandat d'arrêt délivré par la Chambre préliminaire I, 12 juillet 2010

CHARGES

Omar Hassan Al Bashir serait pénalement responsable en tant que coauteur ou auteur indirect, au sens de l'article 25-3-a du Statut de Rome pour :

Cinq chefs de crimes contre l'humanité :

- meurtre - article 7-1-a
- extermination - article 7-1-b ;
- transfert forcé - article 7-1-d
- torture - article 7-1-f ;
- et viol - article 7-1-g

Deux chefs de crimes de guerre :

Le fait de diriger intentionnellement des attaques contre une population civile en tant que telle ou contre des personnes civiles qui ne participent pas directement aux hostilités article 8-2-e-i ; et pillage - article 8-2-e-v.

Trois chefs de génocide : génocide par meurtre (article 6-a), génocide par atteinte grave à l'intégrité physique ou mentale (article 6-b), et génocide par soumission intentionnelle de chaque groupe ciblé à des conditions d'existence devant entraîner sa destruction physique (article 6-c).

ANNEXE II –B : Arrêt de la CPI contre thomas Lubamga Dyilo

1. Mandat d'arrêt 10 février 2006

La Chambre préliminaire I de la Cour pénale internationale (« la Cour »),

VU la requête du Procureur aux fins de délivrance d'un mandat d'arrêt contre M. Thomas Lubanga Dyilo, déposée le 13 janvier 2006 ;

VU les éléments de preuve et autres renseignements soumis par le Procureur1 ;

VU le paragraphe premier de l'article 19 et le paragraphe premier de l'article 58 du Statut de Rome ;

ATTENDU que, sur la foi des éléments de preuve et renseignements fournis par l'Accusation, l'affaire concernant M. Thomas Lubanga Dyilo relève de la compétence de la Cour et est recevable ;

ATTENDU qu'il y a des motifs raisonnables de croire qu'un conflit armé prolongé a eu lieu en Ituri de juillet 2002 à la fin de 2003, au moins ;

ATTENDU qu'il y a des motifs raisonnables de croire que de juillet 2002 à décembre 2003, des membres des FPLC ont commis des actes répétés d'enrôlement dans les FPLC d'enfants de moins de quinze ans qui ont été formés dans les camps d'entraînement des FPLC de Bule, Centrale, Mandro, Rwampara, Bogoro, Sota et Irumu ;

ATTENDU qu'il y a des motifs raisonnables de croire que de juillet 2002 à décembre 2003, des membres des FPLC ont commis des actes répétés de conscription dans les FPLC d'enfants de moins de quinze ans qui ont été formés dans les camps d'entraînement des FPLC de Bule, Centrale, Mandro, Rwampara, Bogoro, Sota et Irumu ;

PAR CES MOTIFS, DELIVRE UN MANDAT D'ARRÊT contre **M.THOMAS LUBANGA DYILO**, dont les photographies sont jointes en annexe, supposé être un ressortissant de la République démocratique du Congo, né le 29 décembre 1960 à Jiba, dans le secteur d'Utcha du territoire de Djugu situé dans le district d'Ituri de la Province orientale (République démocratique du Congo), fils de M. Mathias Njabu et de Mme Rosalie Nyango, marié à une certaine Mme Matckosi et père de six enfants, présumé être le fondateur de l'UPC et des FPLC, présumé avoir été commandant en chef des FPLC, présumé être le Président actuel de l'UPC, et qui, selon les dernières informations disponibles, est détenu au Centre pénitentiaire et de rééducation de Kinshasa.

Fait en anglais et en français, la version française faisant foi.

2. Verdict

Le 14 mars 2012, M. Lubanga a été déclaré coupable, en qualité de co-auteur, des crimes de guerre consistant en :

L'enrôlement et la conscription d'enfants de moins de 15 ans dans la Force patriotique pour la libération du Congo (FPLC), et les faire participer activement à des hostilités, dans le cadre d'un conflit armé ne présentant pas un caractère international du 1er septembre 2002 au 13 août 2003 (sanctionnés par l'article 8-2-e-vii du Statut de Rome).

Le **verdict** a été adopté par la Chambre de première instance I, composée des juges Adrian ulford (Royaume Uni), juge président, Elizabeth Odio Benito (Costa Rica) et René Blattmann (Bolivie). Le verdict a été adopté à l'unanimité, les juges Fulford et Odio Benito adoptant des opinions séparées et dissidentes sur certains points.

Le 10 juillet 2012, Thomas Lubanga Dyilo a été **condamné** à une peine totale de 14 ans d'emprisonnement de laquelle sera déduit le temps qu'il a passé en détention de la CPI. M. Lubanga reste pour l'instant détenu au quartier pénitentiaire de la CPI, à La Haye.

Source : Site officiel CPI.

ANNEXE II- C : Affaire le procureur contre Laurent GBAGBO Ex président de la République de Côte d'Ivoire

1. Confirmation de la déclaration de reconnaissance

Présidence de la République	République de Côte d'Ivoire
--------	---------
Le Président	Union – Discipline – Travail

Abidjan, le 14 décembre 2010

NR 0039-PR-du 14/12/2010

A

Monsieur le Président de la Cour Pénale Internationale Maanweg 174, 2516 AB

La Haye PAYS BAS

Objet : Confirmation de la Déclaration de reconnaissance

Monsieur le Président,

Le 18 avril 2003, le Gouvernement de la République de Côte d'Ivoire reconnaissait solennellement, par son Ministre des Affaires Etrangères, la compétence de la Cour Pénale Internationale.

Depuis le 02 décembre 2010, suite à l'élection présidentielle de sortie de crise qu'elle a organisée les 31 octobre et 28 novembre 2010, la Côte d'Ivoire a un nouveau Président de la République dont la victoire a été proclamée par la Commission Electorale Indépendante.

Le Représentant spécial du Secrétaire Général de l'ONU a certifié les résultats de cette élection, conformément aux accords politiques de sortie de crise. L'ensemble de la Communauté internationale, notamment le Conseil de Sécurité de l'ONU, les États-Unis d'Amérique, la France, l'Union Africaine, la Communauté Economique des États d'Afrique de l'Ouest et l'Union Européenne, a reconnu les résultats de cette élection et m'a apporté son soutien.

Aussi, en ma qualité de nouveau Président de la République de Côte d'Ivoire et conformément à l'article 12 paragraphe 3 du statut de Rome qui dispose que : « **Si l'acceptation de la compétence de la Cour par un État qui n'est pas Partie au présent Statut est nécessaire aux finx du paragraphe 2, cet État**

peut, par déclaration déposée auprès du Greffier, consentir à ce que la Cour exerce sa compétence à l'égard du crime dont il s'agit. L'État ayant accepté cla compétence de la Cour coopère avec celle-ci sans retard et sans exception conformément au chapitre IX », j'ai l'honneur de confirmer la déclaration du 18 avril 2003.

A ce titre, j'engage mon pays, la Côte d'Ivoire, à coopérer pleinement et sans délai avec la Cour Pénale Internationale, notamment en ce qui concerne tous les crimes et exactions commis depuis mars 2004.

Je vous prie de croire, **Monsieur le Président**, à l'expression de ma considération distinguée./-

Alassana OUATTARA

2. Charges préliminaires

Laurent Gbagbo De nationalité ivoirienne, il était Président de la Côte d'Ivoire

Requête de l'accusation aux fins de délivrance d'un mandat d'arrêt: 25 octobre 2011

Mandat d'arrêt émis par la Chambre préliminaire III

Délivré sous scellés 23 novembre 2011

Levée des scellés 30 novembre 2011

Remise à la CPI : 30 novembre 2011

L'audience de comparution initiale : 5 Décembre 2011

Audience de confirmation des charges : prévue pour le 13 août 2012

Charges

Laurent Gbagbo aurait engagé sa responsabilité pénale individuelle, en tant que coauteur indirect, pour quatre chefs de **crimes contre l'humanité** :

a) de meurtres,

b) de viols et d'autres violences sexuelles,

c) d'actes de persécution

et d) d'autres actes inhumains, qui auraient été perpétrés dans le contexte des violences post-électorales survenues sur le territoire de la Côte d'Ivoire entre le 16 décembre 2010 et le 12 avril 2011.

Source : Site officiel CPI

BIBLIOGRAPHIE

I. OUVRAGES DE DROIT INTERNATIONAL GENERAL

- CAVARE, Louis : *Le droit international public positif*, tomes I et II, Nouvelle Edition, troisième mise à jour, J. Pierre Queneudec, Paris Pedone, 1966.

- Hubert Thierry, Serge : *Droit international public*, Editions Montchrestien, Collection université nouvelle, Précis Domat, 770 pages.

II. OUVRAGES SPECIALISES DE DROIT INTERNATIONAL HUMANITAIRE

A. DROIT INTERNATIONAL HUMANITAIRE

- CICR / LSCR : Manuel de la Croix-Rouge internationale, Douzième édition, Genève, février 1983, 767 pages.

- CICR / IHD : Bibliography of international humanitarian law applicable in armed conflicts, Geneva 1980 – 388 pages.

- Gasser, Hans Peter : *Le droit international humanitaire*, Tiré à part Hans Haug humanité pour tous, Institut Henri Dunant, 1993, 100 pages.

- CICR – Pictet : Commentaire du plan d'un cours sur le droit international humanitaire (par Jean Pictet, vice-président) sans date, 42 pages.

- Djena Wembou, Michel Cyr : Droit international humanitaire, Théorie générale et réalités africaines, Logiques juridiques, Paris, L'Harmattan, France-Canada, 431 pages.

- Millet-Devalle, Anne Sophie : « Droit international humanitaire », Colloque, Nice 18-19 juin 2007.

B. DROIT DE LA GUERRE

- Kalshoven, Frits : *The law of warfare,* A. W Sijthoff, Leiden, Henry Dunant, Institute Geneva, 138 pages.

- Djurovic, Gradimir : *L'agence centrale recherche du comité international de la Croix-Rouge*, Institut Henri Dunant Genève, 295 pages, Imprimerie Crobaz.

C. ETUDES SPECIALISEES

- Harouel, Véronique : *Grands textes du droit humanitaire*, Paris, PUF, Que sais-je, 127 pages.

- Kerbrat ,Yam : *La référence au chapitre VII de la Charte des Nations Unies dans les résolutions à caractère humanitaire du conseil de sécurité*, Paris, LGDJ, Droit, Travaux et recherche ; Droit économie sciences sociales, Paris, 120 pages.

- Melander, Goran : *African refugees and the law Scandinavian*, Institute of African studies UPPSALA, 1978, 97 pages.

- Melander, Goran : *An analysis Account of the conference on the African refugee problem*, Arusha, May 1979 Scandinavian Institute of African Studies, 1981, 233 pages UPSALA.

- Melander, Goran et Nobel, Peter : *International legal instruments on refugees in Africa ; Instruments légaux sur les réfugiés en Afrique*, Institut Scandinave d'études africaines UPPSALA, 1979, 397 pages.

- Owona, Joseph : *Droit international humanitaire*, Encyclopédie juridique de l'Afrique, Nouvelles Editions africaines, tome I, *L'État et le droit.*

- Owona, Joseph : « Problèmes d'application du droit international humanitaire en Afrique », Institut international des droits de l'Homme, Strasbourg, dixième session d'enseignement, 2-27 juillet 1979, pp. F50-F5021.

- Bello, Emmanuel : *African Custumary humanitarian law*, International Committee of the Red Cross, Oyez publishing limited, Geneva, 157 pages.

- Mulinen, Frederic : 1er cours international sur le droit de la guerre pour officiers Sam Remo 16-23 juin 1976, *Revue internationale de droit pénal militaire* XVI -1 (1977), 155 pages.

- Senarclens, Pierre : *L'humanité en catastrophe*, Presses de science politique, La bibliothèque du citoyen, 144 pages.

- Vanderginste, Stef : *Les juridictions Gacaca et la poursuite des présumés auteurs du génocide et des crimes contre l'humanité au Rwanda, Afrique des grands lacs*, Annuaire 1999/2000, République du Rwanda, Cour suprême département des juridictions Gacaca, BP 1874, Kigali octobre 2003, 20 pages.

- TPIR / ICTR : *Dossiers leçons du tribunal pénal international pour le Rwanda, L'héritage, 63 pages, Témoigner devant le tribunal pénal international pour le Rwanda,* 32 pages, Press release, ICTR Detainees statuts on 14 july 2009.

- Veuthey, Michel : *Guérilla et droit humanitaire*, Institut Henri Dunant, Genève, 431 pages.

TABLE DES MATIERES

Questions juridiques aux éditions L'Harmattan

Dernières parutions

VIOL Le procès d'Aix-en-Provence – Précédé de *Le Crime* de Gisèle Halimi
Halimi Gisèle
En 1978 le procès pour viol d'Aix-en-Provence a mobilisé l'opinion publique : deux jeunes filles, Anne et Araceli, ont été violées à plusieurs reprises par trois hommes. Gisèle Halimi plaide, au nom du collectif juridique *Choisir la cause des femmes.* Les victimes restent jusqu'au bout des suspectes et la défense se construit sur l'hypothèse du consentement des victimes. Gisèle Halimi permet, pour la première fois, de faire un point lucide sur ce crime qui demeure aujourd'hui encore un tabou.
(29.00 euros, 418 p.) ISBN : 978-2-296-99444-7, ISBN EBOOK : 978-2-296-50587-2

VICTIMOLOGIE. DE L'EFFRACTION DU LIEN INTERSUBJECTIF À LA RESTAURATION SOCIALE (4e édition)
Cario Robert
Après avoir connu un «âge d'or» jusqu'à la fin du Moyen-Age, les victimes sont tombées dans les « oubliettes « du système de justice pénale. Depuis quelques années, un cadre normatif respectueux de leurs droits se construit. Centrée sur la personne de la victime et de l'infracteur, auxquels elle restitue la régulation du conflit, la justice restaurative apparaît comme la voie la plus prometteuse de restauration sociale des intéressés.
(Coll. Sciences criminelles, série Traité de sciences criminelles, 27.00 euros, 268 p.)
ISBN : 978-2-336-00424-2, ISBN EBOOK : 978-2-296-50649-7

RÉSISTANCES (LES) CARCÉRALES, DU COMMENT AU POURQUOI – Une approche juridique et pluridisciplinaire
Noali Loup - Préface de Martine Herzog-Evans ; postface de Reynald Ottenhof
Cette recherche porte sur les résistances opposées par les détenus au système carcéral. Partant d'une expérience de l'enfermement, l'auteur propose une analyse pluridisciplinaire (droit, sociologie, psychologie, psychiatrie, philosophie) tentant de rendre son regard d'usager sur cette institution et son milieu. Il est convaincu que les résistances sont déterminantes et essentielles pour l'évolution de la condition pénitentiaire et le devenir des condamnés.
(Coll. Logiques Juridiques, 54.00 euros, 620 p.)
ISBN : 978-2-296-99628-1, ISBN EBOOK : 978-2-296-50775-3

RISQUE (LE) TECHNOLOGIQUE MAJEUR À L'ÉPREUVE DU DROIT (2 tomes)
Nicolet Jean-Louis - Préface de Patrick Lagadec ; postface d'Hervé Serieyx
Cet ouvrage montre concrètement comment chaque accident technologique majeur est confronté au droit, à partir d'une étude conduite sur de nombreux jugements concernant des secteurs industriels variés. Il met en valeur la nécessité de séparer la phase de reconstitution de la séquence accidentelle de celle de la recherche des responsabilités, deux approches hélas confondues dans la procédure pénale actuelle. D'où les évolutions proposées.
(Tome 1, 50.50 euros, 552 p.) ISBN : 978-2-336-00271-2, ISBN EBOOK : 978-2-296-50541-4
(Tome 2, 31.00 euros, 302 p.) ISBN : 978-2-336-00272-9, ISBN EBOOK : 978-2-296-50542-1

DROIT CONSTITUTIONNEL DE LA Ve RÉPUBLIQUE – (Douzième édition)
Lascombe Michel
S'adressant aux étudiants en droit et AES ainsi qu'aux élèves des Instituts d'études politiques et aux candidats aux concours administratifs, cet ouvrage couvre l'essentiel du programme

de droit constitutionnel, c'est-à-dire aussi bien les constitutions françaises depuis 1789 que l'actuel texte constitutionnel. Cette nouvelle édition tient compte des changements les plus récents.
(Coll. Logiques Juridiques, 42.00 euros, 512 p.)
ISBN : 978-2-336-00346-7, ISBN EBOOK : 978-2-296-50665-7

DROIT ADMINISTRATIF – L'angle jurisprudentiel – (4e édition)
Gros Manuel
Traitant du programme de 2e année en droit administratif général, cet ouvrage donne également un éclairage particulier au pouvoir du juge administratif sur la fixation du droit administratif français et sur son rôle prédominant dans l'essence même du droit administratif. Utilisable comme un manuel classique, voici également une réflexion approfondie sur l'évolution et l'adaptation d'un droit spécifique à son environnement.
(Coll. Logiques Juridiques, 34.00 euros, 400 p.)
ISBN : 978-2-336-00616-1, ISBN EBOOK : 978-2-296-50768-5

RÔLE (LE) DU DÉPARTEMENT DANS L'ADOPTION
Niemiec-Gombert Amélie - Préface de Françoise Dekeuwer-Defossez
Depuis la décentralisation, les prérogatives départementales en matière d'adoption n'ont fait que se renforcer. Cette collectivité territoriale, devenue un acteur incontournable de l'adoption, intervient à tous les niveaux, du côté de la famille biologique de l'enfant, des familles adoptives, ou encore des enfants adoptables ou adoptés. En raison des nouvelles problématiques liées à la spécificité de la filiation adoptive, ce rôle est encore appelé à se développer.
(Coll. Logiques Juridiques, 55.00 euros, 622 p.)
ISBN : 978-2-336-00353-5, ISBN EBOOK : 978-2-296-50695-4

VIOLENCE ET DROIT
Sous la direction de Raphaël Brett, Guillaume Delmas, Anne Michel et Noé Wagener. Avant-propos de Camille Broyelle
Le constat est bien connu : la violence existe en droit. Elle n'est pas seulement l'objet contre lequel le droit lutte. Elle est aussi, de façon moins immédiatement perceptible, un moyen et une conséquence du droit. Le rapport dialectique entre droit et violence invite donc à s'interroger sur les liens tout à la fois d'assimilation de la violence par le droit et de mise à distance de la violence par le droit.
(Coll. Presses Universitaires de Sceaux, 18.00 euros, 180 p.)
ISBN : 978-2-336-00422-8, ISBN EBOOK : 978-2-296-50664-0

CONTRACTUALISATION (LA) DES DROITS FONDAMENTAUX
Dijoux Ruth
Pendant longtemps rattachés au droit public, les droits fondamentaux bouleversent aujourd'hui le droit privé français et notamment le droit des contrats. Si certains considèrent que la présence des droits fondamentaux dans le contrat est favorable aux contractants faibles, l'avènement de ces droits en la matière présente un tout autre intérêt, le contractant bénéficiant de fait d'un droit de renoncer à ses droits.
(Coll. Logiques Juridiques, 52.00 euros, 590 p.)
ISBN : 978-2-296-96283-5, ISBN EBOOK : 978-2-296-50474-5

OUTRE-MER ET DEVISE RÉPUBLICAINE
Sous la direction de Pierre Lise et Ferdinand Mélin-Soucramanien
Les rapports entre les outre-mer et la République française sont ambigus, faits d'attirances réciproques et parfois de rejets violents. Ce livre confronte la réalité institutionnelle, économique, politique et sociale des outre-mer à l'ambitieux programme affiché par l'article 72-3 de la Constitution française qui dispose que : «La République reconnaît, au sein du peuple français, les populations d'outre-mer, dans un idéal commun de liberté, d'égalité et de fraternité».
(Coll. Logiques Juridiques, 23.00 euros, 232 p.)
ISBN : 978-2-296-99693-9, ISBN EBOOK : 978-2-296-50392-2

SOCIÉTÉ ET DROIT – La gouvernance des conflits

Palermo Giovanna

Le conflit possède une dimension relationnelle puisqu'il implique une divergence entre deux ou plusieurs individus, aux positions et aux intérêts apparemment inconciliables. Mais il y a aussi les exigences du partage et de la coexistence. En ce sens, tout conflit peut être l'occasion pour reconstruire ou pour modifier les rapports avec les autres, du moins s'il est affronté de manière constructive.

(Coll. Harmattan Italia, 16.00 euros, 120 p.)

ISBN : 978-2-296-55787-1, ISBN EBOOK : 978-2-296-50462-2

DE COMITATIBUS. L'ORIGINE ET LE RÔLE DE LA COMITOLOGIE DANS LA POLITIQUE AGRICOLE COMMUNE – Ou la chaîne de transmission du droit agricole de l'Union

Bianchi Daniele - Préface de Claude Blumann

Procédure encadrant l'exercice des compétences d'exécution conférées à la Commission européenne, la comitologie est souvent considérée comme la source du pouvoir de l'Eurocratie. Cet ouvrage entame un voyage dans le temps en partant du traité de Rome de 1957 jusqu'au traité de Lisbonne de 2009 et à la nouvelle comitologie adoptée en mars 2011 afin de découvrir l'origine et tracer l'évolution de la comitologie dans le cadre de la Politique agricole commune.

(Coll. Droit et Espace Rural, 51.00 euros, 564 p.)

ISBN : 978-2-296-99284-9, ISBN EBOOK : 978-2-296-50353-3

FORMULAIRE – Poétique du droit

Bindi A.A.L

Le droit est *poétique*. Une évidence dès les premiers écrits, comme à l'écoute des plaidoiries, répétitives, interminables. Une poésie comprenant, ici, la matière procédurale au civil. Des bouts parfois minuscules, autorisant une écriture par projections soudaines dans d'autres parties du recueil. Jusqu'à se retrouver dans une série de textes, comme par multiplication, si l'on songe qu'un seul énoncé se décompose et reforme pour être dans l'attente d'un exposé convenable, comme suspendu, en l'air.

(12.50 euros, 120 p.) *ISBN : 978-2-296-12988-7, ISBN EBOOK : 978-2-296-50190-4*

INSERTION ET DÉSISTANCE DES PERSONNES PLACÉES SOUS MAIN DE JUSTICE – Savoirs et pratiques

Sous la direction de Paul Mbanzoulou, Martine Herzog-Evans et Sylvie Courtine

La notion d'insertion recouvre un ensemble de pratiques, de procédures, de mesures et de dispositifs. De nouvelles questions sont introduites, comme celle de permettre à la personne détenue de mener une vie responsable à l'issue de sa peine et de prévenir de nouvelles infractions. Comment atteindre ses finalités, sachant que l'abandon de l'agir criminel (désistance) résulte à la fois d'un choix personnel, d'un accompagnement, d'un concours de circonstances et d'un parcours singulier ? (Quelques contributions en anglais.)

(Coll. Criminologie, série Champ pénitentiaire, 26.50 euros, 256 p.)

ISBN : 978-2-296-99421-8, ISBN EBOOK : 978-2-296-50263-5

PRINCIPE (LE) DE SINCÉRITÉ BUDGÉTAIRE

Pancrazi Laurent - Préface de Gilbert Orsoni

Reconnu comme norme de référence, le principe de sincérité des lois de finances irrigue l'ensemble du processus budgétaire et financier. Sur le plan de l'effectivité, le principe de sincérité est en train de bouleverser le droit des finances de l'État et peut-être, au-delà, celui des finances publiques élargies aux lois de financement de la sécurité sociale et aux finances locales. Ce livre en étudie le principe et en révèle les ambiguïtés.

(Coll. Finances publiques, 58.00 euros, 714 p.)

ISBN : 978-2-296-57523-3, ISBN EBOOK : 978-2-296-50354-0

MÉLANGES EN L'HONNEUR DE JEAN-PIERRE LASSALE, GABRIEL MONTAGNIER ET LUC SAÏDJ – Figures lyonnaises des finances publiques

Sous la direction de Jean-Luc Albert

Ce livre rend hommage à trois universitaires qui ont marqué l'université de Lyon et qui ont oeuvré dans le domaine des finances publiques. C'est sous le prisme dominant (mais non exclusif) des

finances publiques que nombre d'universitaires (et non universitaires) ont participé. Juristes, historiens, sociologues montrent ici la dimension fédératrice des questions financières et fiscales.
(Coll. Finances publiques, 34.50 euros, 336 p.)
ISBN : 978-2-296-99236-8, ISBN EBOOK : 978-2-296-50506-3

FINANCES (LES) PUBLIQUES DANS LES CONSTITUTIONS DE LA RÉPUBLIQUE DÉMOCRATIQUE DU CONGO – Notes de cours à l'usage des étudiants en droit
Nzuzi Makaya Floribert - Préface de Benjamin Mulamba Mbuyi
Ce recueil retrace les dispositions constitutionnelles relatives aux finances publiques de la République Démocratique du Congo depuis son accession à l'indépendance, le 30 juin 1960, jusqu'à nos jours.
(Coll. Notes de cours, 13.50 euros, 118 p.)
ISBN : 978-2-296-96393-1, ISBN EBOOK : 978-2-296-50213-0

DROIT PUBLIC ET CINÉMA
Sous la coordination de Damien Connil et Jérôme Duvignau
De nombreuses règles de droit public s'appliquent à l'activité cinématographique. Cet ouvrage s'interroge sur le droit de filmer la ville, sur la police du cinéma à l'épreuve de l'ordre moral, sur les enjeux juridiques de la diffusion du cinéma. Il analyse aussi le rôle des autorités administratives dans la préservation de la diversité cinématographique, la place des langues régionales au cinéma et la représentation du droit public à l'écran.
(Coll. Bibliothèques de droit, 19.00 euros, 196 p.) *ISBN : 978-2-296-96269-9*

DÉFENDRE SES DROITS DE VICTIME
Mouhou Méhana, Gouraud Bernard
Vous avez été victime d'un dommage corporel (suite à un accident de la route, du travail, sportif, scolaire, médical) et vous êtes confronté à toutes sortes de problèmes : expertises médicales, procédures, demandes d'indemnisation... Ce livre est fait pour vous aider à obtenir la juste réparation, par les tribunaux ou de façon amiable, de vos préjudices physiques, psychiques et moraux.
(25.00 euros, 252 p.) *ISBN : 978-2-296-96768-7*

ARBITRAGE (L') – Questions contemporaines
Textes réunis par Yves Strickler ; Responsables scientifiques : Yves Strickler et Jean-Baptiste Racine
L'arbitrage, mode alternatif de règlement des litiges, déroute et fascine. Il propose le traitement d'un litige en dehors du recours aux tribunaux étatiques : il s'agit donc d'un autre modèle de justice et de droit. Il n'en est pas moins un mode conventionnel de règlement juridictionnel d'un litige. Cet ouvrage pose les principes de base de l'arbitrage et analyse les questions contemporaines qui le traversent. En annexe, *Les Règlements de la Cour européenne d'arbitrage*, en anglais.
(Coll. Droit privé et sciences criminelles, 23.00 euros, 224 p.) *ISBN : 978-2-296-96256-9*

IMPLICITE (L') ET LE CONTENU CONTRACTUEL
Étude de droit comparé : droit français et droit tunisien
Zarrouk Ali - Préface de Philippe Delebecque / Avant-propos de Mohamed Kamel Charfeddine
Le contenu contractuel ne peut être réduit aux seules stipulations explicites convenues par les parties : une place y est inévitablement faite, et à des degrés divers, à l'implicite. Il permet de donner au contenu contractuel toute son expression en recommandant l'introduction de la morale et de la cohérence. Il assure également un enrichissement du contenu par l'adjonction de nouvelles obligations.
(Coll. Logiques Juridiques, 55.50 euros, 660 p.) *ISBN : 978-2-296-96253-8*

L'HARMATTAN, ITALIA
Via Degli Artisti 15; 10124 Torino

L'HARMATTAN HONGRIE
Könyvesbolt ; Kossuth L. u. 14-16
1053 Budapest

ESPACE L'HARMATTAN KINSHASA
Faculté des Sciences sociales,
politiques et administratives
BP243, KIN XI
Université de Kinshasa

L'HARMATTAN CONGO
67, av. E. P. Lumumba
Bât. – Congo Pharmacie (Bib. Nat.)
BP2874 Brazzaville
harmattan.congo@yahoo.fr

L'HARMATTAN GUINÉE
Almamya Rue KA 028, en face du restaurant Le Cèdre
OKB agency BP 3470 Conakry
(00224) 60 20 85 08
harmattanguinee@yahoo.fr

L'HARMATTAN CAMEROUN
BP 11486
Face à la SNI, immeuble Don Bosco
Yaoundé
(00237) 99 76 61 66
harmattancam@yahoo.fr

L'HARMATTAN CÔTE D'IVOIRE
Résidence Karl / cité des arts
Abidjan-Cocody 03 BP 1588 Abidjan 03
(00225) 05 77 87 31
etien_nda@yahoo.fr

L'HARMATTAN MAURITANIE
Espace El Kettab du livre francophone
N° 472 avenue du Palais des Congrès
BP 316 Nouakchott
(00222) 63 25 980

L'HARMATTAN SÉNÉGAL
« Villa Rose », rue de Diourbel X G, Point E
BP 45034 Dakar FANN
(00221) 33 825 98 58 / 77 242 25 08
senharmattan@gmail.com

L'HARMATTAN TOGO
1771, Bd du 13 janvier
BP 414 Lomé
Tél : 00 228 2201792
gerry@taama.net

649515 - Avril 2016
Achevé d'imprimer par